가베가 알려주는

우리 아이 뇌 사용법

가베가 알려주는
우리 아이 뇌 사용법

AI 시대, 사고력을 키우는 블록 놀이의 비밀

초 판 1쇄 2026년 01월 26일

지은이 안은정
펴낸이 류종렬

펴낸곳 미다스북스
본부장 임종익
편집장 이다경, 김가영
디자인 윤가희, 임인영, 윤영빈
책임진행 안채원, 이예나, 김은진, 국소리, 송가희, 이지영

등록 2001년 3월 21일 제2001-000040호
주소 서울시 마포구 양화로 133 서교타워 711호, 808호
전화 02) 322-7802~3
팩스 02) 6007-1845
블로그 http://blog.naver.com/midasbooks
전자주소 midasbooks@hanmail.net
페이스북 https://www.facebook.com/midasbooks425
인스타그램 https://www.instagram.com/midasbooks

ISBN 979-11-7355-670-8 03370

값 21,000원

미다스북스는 다음세대에게 필요한 지혜와 교양을 생각합니다.

가베가 알려주는

AI 시대, 사고력을 키우는 블록 놀이의 비밀

우리 아이 뇌사용법

안은정 지음

미다스북스

가베 안내서

• • •

이 책에서는 'Gabe' 또는 '은물'이라 불리는 용어를
한글로 '가베'라 표기하며, 동일한 의미로 통일하여 사용합니다.

1. 가베란?

19세기 독일 교육자 프리드리히 프뢰벨(Friedrich Fröbel)이 만든 조작 교구입니다. 감각 · 창의 · 인지 발달을 모두 담은 놀이 중심 학습 도구죠. 가베의 가장 핵심적인 철학은 이것입니다.

'보이는 것을 손으로 탐색하며 놀이로 배운다.' 아이는 블록을 직접 만지고, 굴리고, 쌓으면서 세상의 형태와 구조를 몸으로 먼저 이해합니다. 이렇게 눈에 보이는 입체에서 출발해, 점차 추상적인 개념으로 확장해 갑니다.

1가베부터 10가베까지는 단순한 난이도 상승이 아닙니다. 아이의 인지 발달 과정과 닮은 구성으로 이어지며, 아이가 경험 속에서 다음 단계로 자연스럽게 확장해 가는 구조입니다.

2. 한 줄 가베 설명

가베 교구 소개

가베 교구 – 점 · 선 · 면 · 입체를 손으로 만지며 수학, 공간감각, 상상력을 함께 키우는 블록 놀이

1가베 – 공 · 원기둥 탐색 / 감각 자극과 기초 관찰

2가베 – 구 · 원기둥 · 정육면체 비교 / 구조 인식

3~6가베 – 정육면체 · 직육면체 분할 / 부분–전체 이해

7~9가베 – 평면 도형 · 선 / 공간 감각 · 대칭

10가베 – 점과 수 / 추상적 사고

3. 왜 가베가 중요한가?

가이드북으로서의 가베

색깔, 표면, 무게를 동시에 감지하는 모든 감각이 신호를 보냅니다. 이것은 감각 통합의 첫걸음입니다. 동시에, 뇌 신경망이 촘촘해지는 과정이기도 합니다.

백과사전으로서의 가베

입체에서 점으로 진행되는 가베의 여정 속에서 아이는 자연스럽게 기하학, 수학, 공간의 원리를 배웁니다. 반복된 경험이 쌓이면서 아이의 뇌 속에 자신만의 논리 체계가 형성됩니다.

교육 철학으로서의 가베

프뢰벨은 모든 아이가 특별한 재능을 타고난다고 믿었습니다. 교육은 아이를 틀에 맞추는 것이 아니라, 이미 있는 고유한 힘을 드러내는 과정이어야 한다고 본 것입니다. 가베는 바로 그 도구입니다. 손으로 경험한 것들이 쌓이면, 아이는 세상을 새롭게 바라보고 자기만의 방식으로 문제를 풀어갑니다. 이런 힘이 인간만이 할 수 있는 창의적 사고력이며, AI 시대에도 가베는 여전히 소중한 교육의 보석입니다.

프롤로그

테이프를 붙이는 순간,
가베는 죽었습니다

처음 이 문장을 떠올렸을 때, 저 스스로도 조금 과한 표현이 아닐까 싶었습니다. 하지만 가베 교실에서 실제로 일어나는 장면들을 떠올리면, 이보다 더 정확한 말이 있을까 하는 생각이 듭니다. 구조가 무너질까 불안해 테이프를 둘러칩니다. 삐져나온 부분을 칼로 잘라냅니다. 그렇게 금방 멋진 작품을 완성합니다. 바로 그 순간, 아이의 시행착오와 균형 감각, 실패를 견디는 힘은 함께 잘려 나갑니다.

가베 교육에 관한 책을 쓴다고 했을 때, 가베 교육을 조금이라도 아는 분들은 반가워했습니다. 반면 가베를 잘 모르는 분들은 되묻곤 했습니다.

"이제 유행 지난 거 아니에요?"

많은 사람들이 가베를 한때 유행했던 교구쯤으로 생각합니다. 하지만 제가 보는 문제의 핵심은 다릅니다. 가베가 '낡아서'가 아니라, 본질을 가르치지 않았기 때문에 밀려났다고 생각합니다. 테이프를 붙이고 결과를 빨리 만드는 방식은, 프뢰벨이 말한 가베의 철학과는 거리가 멉니다. 저도 처음부터 이런 생각으로 가베를 가르친 것은 아니었습니다. 고(故) 서석남 교수님을 만나기 전, 저는 이미 인기 강사였습니다. 백화점 문화센터 강의는 늘 정원 마감이었고, 나름 실력 있는 강사라는 자부심도 컸습니다. 그런 저에게 교수님은 첫 만남에서 두 마디를 던지셨습니다.

"30년 한 나도 가베를 모르는데, 선생님이 알아?"
"그렇게 가르치면 아이들에게 죄 짓는 거야."

머릿속에서 종이 울리는 느낌이었습니다. 저는 양심이 건드려지면 스스로를 속이지 못하는 타입입니다. 그 두 문장은 내 안의 불편함을 정확히 찔렀습니다. 그 길로 모든 강의를 내려놓았습니다. 지금 돌이켜보면, 포도 껍질만 핥으며 와인 흉내를 내던 시기를 그때 비로소 끝낸 셈이었습니다.

가베를 다시 배우는 길은 쉽지 않았습니다. SFM프뢰벨몬테소리연구소 연구원으로 있으면서, 프뢰벨의 교육철학서 『인간교육』을 붙들고 씨름했습니다. 프뢰벨이 사랑한 낭만주의 문학을 따라 읽어야 했습니다. 고전을 읽을수록 깊어지는 느낌은 분명했지만, 그 깊이가 정확히 무엇인지 설명하기는 어려웠습니다. 손에 잡힐 듯 잡히지 않는 어떤 중심을 향해 계속 걸어가는 시간이었습니다.

오랜 우회 끝에 제가 얻은 결론은 단순합니다.

가베는 교구이기 전에 '인간교육'이라는 것.

그렇게 본다면, 가베를 '유행이 지났다'고 말하기는 어렵습니다. 오히려 AI가 등장한 지금이야말로 더 필요한 교육일 수 있습니다. 빠르고 편한 답을 내는 능력은 이미 인공지능이 훨씬 뛰어납니다. 그렇다면 인간은 무엇을 붙들어야 할까요. 직관과 통찰, 그리고 여러 영역을 통합해 보는 힘입니다. AI에 의존하는 소비자가 아니라, AI를 도구로 다루는 사람을 키우는 일. 저는 그 출발선에 가베가 있다고 믿습니다.

이 책을 쓰기로 마음먹은 이유에는 개인적인 사연도 있습니다. 연로하신 서석남 교수님께 작은 빚을 갚고 싶었습니다. 제가 쓴 책 덕분에 교수님의 이름이 다시 불리고, 고전 방식의 가베 교육을 찾는 이들이 조금이라도 늘어나기를 바랐습니다.

하지만 글을 다 쓰기도 전에 교수님은 하늘의 별이 되셨습니다. 그날의 하늘은 잔인할 만큼 맑고 밝았습니다. 세상은 아무 일도 없었던 것처럼 돌아가는데, 나만 다른 세계에 홀로 서 있는 듯했습니다. 어쩌면 그날의 하늘은 이렇게 말하고 있었는지도 모릅니다.

"세상은 변해도, 네가 해야 할 일은 그대로다."

교수님은 떠나셨지만, 프뢰벨이 남긴 철학과 가베의 본질은 사라지지 않았습니다. 이 책은 그 본질을 오늘의 언어로 다시 세우려는 시도입니다.
나는 여전히 배우는 중인 교사입니다. 아이의 손과 눈과 마음을 믿어 주는 순간, 가베는 다시 살아납니다. 이 책이 그 살아나는 순간을 더 많은 아이들에게 건네는 작은 불씨가 되기를 바랍니다.

우리의 신화가 탄생하는 아이곤지가베교육원에서

원장 안은정

추천사

• • •

이 책은 가베를 단순한 교구가 아닌, 아이의 뇌가 자라는 과정으로 복원한 의미 있는 작업이다. 두뇌영재 교육학의 관점에서 볼 때, 안은정 선생님의 가베 해석은 시행착오를 허용하고 반복을 견디게 하며, 아이의 전전두엽 · 자기조절력 · 문제 발견 능력을 자연스럽게 키우는 교육의 본질에 정확히 닿아 있다.

특히 결과를 앞당기기 위해 아이의 실패를 제거해 온 기존 교육 방식에 대해 '테이프를 붙이는 순간, 가베는 죽었습니다.'라고 말하는 이 책의 문제의식은 현장 교육자만이 할 수 있는 정직한 선언이자, 영재성을 '속도'가 아닌 사유의 깊이와 회복력으로 재정의하는 중요한 시도다.

AI 시대일수록 아이에게 필요한 것은 정답을 빠르게 찾는 능력이 아니라, 손으로 탐색하고 무너져도 다시 세우며 질문을 만들어 내는 힘이다. 이 책은 그 힘이 어디서 시작되는지를 프뢰벨의 철학과 현대 뇌과학, 그리고 살아 있는 교육 현장으로 설득력 있게 보여 준다.

가베 교육의 본질을 다시 묻고자 하는 부모와 교사, 그리고 '진짜 영재성'이 무엇인지 고민하는 모든 교육자에게 이 책을 자신 있게 추천한다.

하은

두뇌영재 교육학 박사
두뇌상담교육학 교수
하트브레인 연구자

프리드리히 프뢰벨의 교육 철학에 대한 세계적인 관심이 다시 높아지고 있습니다.
『가베가 알려주는 우리 아이 뇌 사용법』은 이러한 흐름 속에서 프뢰벨 교육학의 본질을 재조명하며, 그것이 오늘날 교육 현실에서도 여전히 유효한 도구임을 설득력 있게 보여줍니다.
저자의 사유는 단순히 이론에 머물지 않습니다.
고(故) 서석남 교수님의 가르침과 프뢰벨의 고전적 저술에서 출발해, 그것을 오늘의 언어로 재해석하며 교실 현장과 철학적 통찰을 긴밀히 엮어냅니다.

"테이프로 붙이는 순간, 프뢰벨의 가베는 죽는다."

이 강렬한 은유는, 아이들의 살아 있는 경험이 결과 중심의 방식 속에서 어떻게 놓치기 쉬운지를 돌아보게 하며, 우리가 교육에서 무엇을 지켜야 하는지에 대한 근본적인 질문을 던집니다.

책 전반에서 저자는 '전인적 아동'의 통합적 발달에 주목합니다.
가베와 작업가베는 단순한 교구가 아니라, 인간 존재를 이해하려는 철학적 시도입니다. 아이들은 그것과의 상호작용을 통해 자기 몸 너머에 있는 질서 있는 세계를 경험하고, 자신에 대한 인식을 확장해 나갑니다.
이런 놀이와 조작은 단순한 기술을 익히는 활동이 아니라, 아이가 스스로를 만들어 가는 과정이라는 저자의 주장은 매우 인상적입니다. 의미는 미리 정해진 설명이나 처방이 아니라, 아이가 몰입하고 참여하는 과정 속에서 자연스럽게 드러난다는 점을 설득력 있게 보여 줍니다.

오늘날의 교육자와 부모에게도 이 책은 명확한 메시지를 던집니다.
디지털 학습과 AI 기술이 일상이 된 지금, 아이들에게는 그 어느 때보다도 손으로 사유하고 표현할 수 있는 자유와 토대가 필요합니다.
저자는 그 토대가 바로 가베 교육에 있으며, 그것이야말로 아이들이 스스로 주체가 되어 기술을 활용하며 살아갈 수 있도록 돕는 힘이라고 말합니다.

이 책은 단지 프뢰벨을 다시 읽자고 말하지 않습니다.
우리가 교육을 통해—때로는 무의식적으로—전하고 있는 가치에 대해 질문을 던지고, 그 본질을 성찰할 기회를 제공합니다.

프뢰벨의 가베는 과거의 유산이 아닙니다.
빠르게 가속화하는 세상 속에서, 인간 내면에 뿌리 내린 사유와 성찰을 가능하게 하는 도구로 오늘날에도 여전히 유효합니다.

피터 무어하우스

프뢰벨 튜터 · 국제 유아 창의성 컨설턴트
(영국 프뢰벨 트러스트를 대표하여)

목차

PART 1

손의 지능이 아이의 미래를 바꾼다

가베의 철학과 뿌리

AI 시대에도 손의 경험이 여전히 중요합니다. 가베는 아이가 스스로 세상의 질서를 발견하고, 생각을 만들어가는 방식에 대한 교육 철학을 품고 있습니다. 'PART 1'에서는 손의 움직임이 어떻게 아이의 뇌와 마음을 자라게 하는지, 그 근본을 함께 살펴봅니다.

Section 1

프뢰벨, 왜 지금 다시 불려 오는가

Section 2

손끝으로 자라는 아이의 뇌

Section 3

직관에서 만드는 사고의 완성

SECTION 1

프뢰벨,
왜 지금 다시
불려 오는가

1

아이의 세상을 여는 작은 관점

프뢰벨이 말한 '교육의 시작'

정원사처럼 기다리기

아이의 눈빛을 가만히 들여다보면, 무언가에 몰입하고 시도하며 도전하는 순간마다 반짝임이 보입니다. 프뢰벨은 바로 그 장면을 교육의 출발선으로 보았습니다. 아이 안에는 이미 스스로 자라려는 힘이 있습니다. 그래서 프뢰벨은 교사와 부모를 '아이를 이끄는 사람'이 아니라, 자라날 환경을 지켜 주는 정원사로 이해했습니다. 아이를 대신 자라게 할 수는 없기 때문입니다.

하지만 실제 교육의 장면에서는, 이런 생각과는 다른 선택이 자주 반복됩니다. 우리는 종종 아이를 정해진 결과에 맞춰 다듬어야 할 대상으로 대합니다. 이른바 '목수식 교육'이지요. 목표한 모양에 맞추기 위해 시행착오를 줄이려 합니다. 그러나 그 과정에서 아이가 스스로 생각을 조정해 볼 기회는 자연스럽게 사라집니다.

정원사 같은 교육은 거창한 이론이 아니에요. 아주 작은 선택에서 드러나지요. 아이가 쌓아 올린 탑이 무너졌을 때, 어른은 결과를 바로잡을 수도 있고, 질문을 건넬 수도 있습니다. 이 선택의 차이가 아이에게는 '실수하면 안 된다는 경험'이 될 수도, '생각해 보는 경험'이 될 수도 있습니다.

"왜 무너졌을까?", "어디를 바꾸면 좋을까?"

이 질문은 아이에게 정답을 주지 않습니다. 대신, 다시 생각해 볼 수 있는 시간을 엽니다. 결과보다 과정을 보게 하고, 실패를 다시 시도할 수 있게 합니다.

아이의 언어를 읽다

아이는 마음속에서 떠오르는 생각과 장면을 아직 언어로 다 표현하지 못합니다. 그렇지만 블록을 통해서는 놀라울 만큼 많은 것이 드러납니다. 말 대신 블록으로 이야기하는 셈이지요.

한 아이는 가베로 높은 빌딩을 쌓아 올리더니 이렇게 말했습니다.

"엄마가 일하는 회사에 가 본 적 있는데, 지금은 다른 곳으로 갔어요."

그 아이에게 그 건물은 그냥 '높은 건물'이 아니었습니다. 그때의 경험이 떠오르며 감각이 함께 되살아납니다. 엄마와 손을 잡고 엘리베이터를 탔던 기억, 사무실의 냄새와 온도, 어른들의 표정 등 모든 것이 되살아나지요. 지금은 더 이상 갈 수 없는 곳에 대한 아쉬움이 담긴 상징이지요. 가베 건축물은 이렇게 아이가 말로 다 풀어내지 못한 마음과 생각을 담아내는 그릇이 됩니다.

어른은 아이가 만든 가베를 통해 아이의 내면 상태를 읽을 수 있습니다.

가베 놀이에서 아이들은 거의 매일 탑을 무너뜨리고 다시 쌓습니다. 어른의 눈에는 같은 실수의 반복처럼 보일 수 있지만, 아이에게는 '이번엔 다르게 해 보는' 연습입니다. 정답과 결과가 앞서는 환경에서 실수는 실패가 되지만, 가베 놀이에서 무너짐은 다음 시도를 여는 신호가 됩니다.

이런 작은 용기들이 쌓여 아이를 단단하게 만듭니다.

오늘 아이 곁에서, 나는 정원사였을까요, 목수였을까요.

2

아이의 세상을 여는 작은 렌즈

칸트와 프뢰벨이 말하는 '생각의 틀'

칸트 철학 – 인식의 틀

우리는 세상을 눈으로 본다고 느끼지만, 실제로는 머릿속에 이미 작동하고 있는 틀을 통해 세상을 인식합니다. 철학자 칸트는 우리가 세상을 인식할 때, 이미 마음속에 자리 잡은 시간, 공간, 인과관계 같은 틀을 사용한다고 설명했어요. 파란색 안경을 쓰면 세상이 파랗게 보이듯, 우리 역시 각자의 인식 렌즈를 통해 세상을 경험합니다.

예를 들어 아이가 비를 본다고 해 볼까요? 단순히 물방울이 떨어지는 장면만 보는 것이 아닙니다. '위에서 아래로 떨어진다'는 공간 감각, '구름이 모이면 비가 온다'는 순서와 원인까지 함께 읽어 냅니다. 이 틀은 태어날 때부터 작동하지만, 그 안의 내용은 아이가 직접 겪은 경험으로 채워집니다.

어떤 아이는 비를 보며 이렇게 말합니다. "하늘이 울어서 물이 나오는 거야?" 슬플 때 눈물이 난다는 자기 경험이 있었기에, 하늘에도 같은 감정을 입힌 겁니다. 아이는 본 대로 말하는 것이 아니라, 자신만의 틀로 세상을 해석하고 표현하고 있는 거예요.

가베 활동 – 틀이 만들어지는 과정

이러한 사고 과정은 가베 활동에서도 뚜렷하게 드러납니다. 3가베의 정육면체를 8개로 나누고 다시 조합하며 건축물을 만드는 과정에서, 아이는 전체와 부분의 관계, 보존의 개념, 공간 구성 능력을 자연스럽게 익힙니다. 손끝으로 블록을 다루는 놀이 같지만, 머릿속에서는 세계를 해석하는 사고의 틀이 자라나고 있는 것이에요.

한 아이는 가베로 계단을 만들며 이렇게 말했어요. "이건 유치원 올라가는 계단이에요. 어제는 눈이 와서 미끄러웠어요. 넘어질까 봐 무서웠는데 안 넘어졌어요." 가베를 통해 경험을 떠올리고, 공간과 감정을 함께 표현한 것이에요. 이는 아이가 경험을 단순히 기억하는 것이 아니라, 스스로 해석해 표현하고 있다는 신호입니다.

아이는 처음에 세상을 감각으로 받아들입니다. 차갑고, 뜨겁고, 시끄럽고, 부드러운 것들이 먼저 몸에 닿지요. 하지만 시간이 지나면서, 아이는 그 경험들을 머릿속에서 하나의 이야기로 엮어 내기 시작합니다.

차가운 얼음을 손에 쥐고 "손이 따끔따끔해요."라고 말할 때, 아이는 단순히 차갑다는 느낌만 말하는 게 아니에요. 차가움이 몸에 어떤 변화를 가져오는지, 시간이 지나면서 감각이 어떻게 달라지는지까지 함께 느끼고 있는 거예요.

이런 감각의 연결은 가베 놀이에서도 드러납니다. 4가베의 직육면체를 세워 보고 눕혀 보면서, 방향에 따라 다르게 쓰인다는 걸 알게 돼요. 또 나누어 보면서, 하나의 블록이 여러 모양이 될 수 있다는 걸 알아차립니다.

"선생님, 이 모양을 자르면 삼각기둥이 될 것 같아요."

이 말 한마디는, 손으로 겪은 경험이 아이 안에서 사고의 틀로 자리 잡고 있음을 보여 줍니다.

칸트의 인식 세 가지	세 가지 인식에 따른 가베 활동	정의
감성 (감각적 직관)	 그림 1  그림 2 모래의 점은 흩어지고, 가베의 점은 단단합니다. 하지만 아이에게 둘 다 '점'입니다.	감각을 시공간 안에서 직관하는 인식의 첫 문입니다.

지성 (개념과 판단)	  **그림 3** **그림 4** 마른 모래는 흩어지고, 젖은 모래는 뭉쳐집니다. 아이는 이 차이를 경험하며 "왜?"를 묻기 시작합니다. 칸트가 말한 지성의 단계입니다.	감각을 범주화하고 관계를 파악하는 사고의 문이 열립니다.
이성 (추론과 원리)	 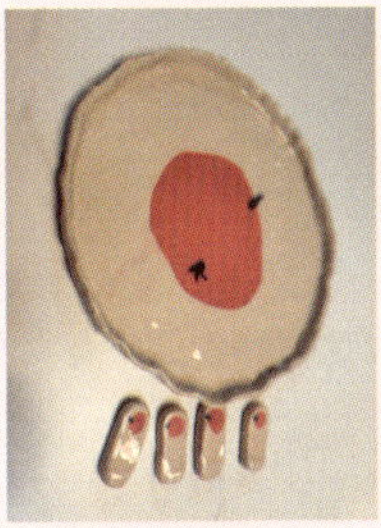 **그림 5** **그림 6** 부드러운 흙이 불을 만나면 단단한 그릇이 됩니다. 아이는 이 변화를 경험하며 원리를 발견합니다. '흙을 구우면 굳는다'	이성의 단계, 경험을 넘어 보편적 원리를 추론하는 사고입니다.

3

놀이가 만드는 길, 차이가 걷는 길

프뢰벨에서 바우하우스로 이어진 교육의 길

경험으로 배운다는 것

프리드리히 프뢰벨의 교육 철학은 20세기 미국의 교육철학자 존 듀이(John Dewey)에게로 이어집니다. 프뢰벨이 말한 '놀이를 통한 배움'은, 듀이가 강조한 '경험 중심 교육'으로 확장되었습니다. 듀이는 교육을 '미래를 위한 준비'가 아니라, 지금 살아가는 삶 그 자체로 보았습니다.

아이가 직접 몸으로 부딪치고 시행착오를 겪는 과정 속에서 배움이 일어난다는 점에서, 두 사람의 생각은 분명히 맞닿아 있습니다.

듀이의 실험학교는 이러한 철학이 실제 교육 현장에서 어떻게 구현될 수 있는지를 보여 준 사례였습니다. 유치원에서 시작된 프뢰벨의 철학을 초등교육 전체로 확장한 시도였다고 볼 수 있어요. 이 교육 철학은 추상적인 설명에 머무르지 않고, 아이들이 직접 만지고 조작해 볼 수 있는 활동으로 이어졌습니다. 프뢰벨의 대표적인 교구인 가베는 이러한 흐름을 잘 보여 주는 도구입니다. 아이는 블록을 조립하고 도형을 만들며, 스스로 규칙을 발견하고 문제를 해결해 나가게 됩니다.

예를 들어 입체 도형의 전개도를 만들다가 예상치 못한 틀어짐이나 빈칸이 생기면, 아이는 스스로 면을 조정하고 다시 조립해 보며 배워 갑니다. 이렇게 손으로 만들고, 눈으로 관찰하고, 머리로 생각하는 경험이 반복되면서 평면과 입체의 관계를 자연스럽게 이해하게 되지요. 그러는 사이에 공간 지각력과 논리적 사고력도 함께 자라납니다.

반면, 종이 위에서 정답을 고르게 하는 방식, 예를 들면 '다음 중 정육면체의 전개도를 고르시오.'와 같은 문제는 사고의 방향을 한정시킬 수 있습니다. 다양한 방법으로 생각해 보는 기회를 제한하고, 오히려 창의성을 좁힐 수 있는 방식이에요.

실제 세상에서는 정해진 정답보다 보기 없는 문제들이 더 많은데, 이런 제한적인 방식만으로는 아이가 스스로 해결할 수 있는 힘을 키우기 어렵지요.

손끝으로 실현한 철학, 바우하우스

이런 과정 중심의 교육 철학은 20세기 초 독일 바우하우스(Bauhaus)에서도 꽃피웠습니다. 1919년 발터 그로피우스(Walter Gropius)가 설립한 이 학교는 예술, 공예, 디자인, 건축을 하나로 통합한 창의 교육의 상징이에요.

바우하우스의 교수진은 프뢰벨의 철학을 단지 이론이 아니라 손끝으로 실현하려 했습니다.

프뢰벨이 아이들에게 다양한 재료를 직접 만지게 하고 놀이를 통해 탐색하도록 했듯이, 바우하우스도 학생들에게 나무, 금속, 유리, 천 등 다양한 재료를 직접 조작해 보게 했습니다.

요하네스 이텐(Johannes Itten)이나 요제프 알버스(Josef Albers) 같은 교수들은 학생들이 이론보다는 감각적으로 경험하고, 재료와 소통할 수 있도록 이끌었지요. 학생들은 모양을 바꿔 보며, 왜 어떤 구조는 세워지고 어떤 구조는 무너지는지를 몸으로 느꼈습니다.

프뢰벨의 '놀이 중심 교육'은 바우하우스에서 '실험 중심 교육'이라는 형태로 발전합니다.

놀이는 창의성의 출발점이라는 그의 믿음은, 바우하우스가 만들어 낸 새로운 디자인 언어 속에서 살아 움직였어요. 실제로 가베에 포함된 구, 원기둥, 정육면체 같은 기초 형태들은 바우하우스 조형 언어와 깊은 연관성을 보여 주었습니다. 바실리 칸딘스키(Wassily Kandinsky), 파울 클레(Paul Klee) 등의 교수는 이런 기본 형태와 색채 이론을 결합하여 독창적인 교육 방식을 만들어 냈어요.

이처럼 바우하우스의 교육은 기술이나 결과를 가르치는 데서 멈추지 않고, 인간 전체의 성장을 함께 바라보는 방향으로 나아갔습니다. 이 관점은 프뢰벨이 강조한 전인적 발달 개념과도 맞닿아 있어요. 단순히 지식만 채우는 게 아니라, 감성, 신체, 도덕성, 사회성, 창의성까지 고르게 키우는 교육 말이에요.

바우하우스는 예술, 과학, 기술, 인문학을 하나로 묶는 융합 교육을 실현했고, 이는 오늘날 우리가 말하는 STEAM 교육과 닮은 면모를 지닌다고 할 수 있습니다.

그리고 지금, AI 시대를 맞아 이 철학은 다시 중요한 질문을 던집니다.

지식을 얼마나 빨리 아는가보다, 몸으로 이해하고 스스로 의미를 만들어 가는 힘이 더 중요해졌기 때문입니다.

인공지능이 아무리 많은 정답을 제시하더라도, 직접 손으로 만지고 겪은 경험 속에서 아이는 자기만의 방식으로 의미를 만들어 갑니다.

4

상징으로 세계를 배우는 아이들

노발리스 낭만주의와 가베의 만남

세계는 상징으로 말한다

프뢰벨의 교육 철학은 독일 낭만주의 사상의 영향을 깊이 받았습니다. 특히 시인이자 철학자인 노발리스(Novalis)의 생각과 여러모로 닿아 있어요.

독일 낭만주의 철학은 자연과 인간, 정신과 물질을 분리하지 않았습니다. 노발리스에게 자연은 단순한 배경이 아니라, 인간의 마음과 의미를 주고받는 살아 있는 존재였습니다. 이 상징적 세계관은 프뢰벨의 교육 철학에도 깊이 스며들어 있습니다. 그는 노발리스처럼 자연과 인간 정신의 연결을 중요하게 여겼습니다.

어린이의 발달 역시 '단계가 끊긴 계단'이 아니라, 경험들이 서로 이어지며 하나의 구조를 이루는 성장의 흐름으로 보았습니다. 프뢰벨에게 어린이는 오늘의 행동, 어제의 경험, 내일의 가능성이 모두 이어져 있는 존재입니다. 그래서 교육은 지금 이 순간만 잘하는 법을 가르치는 일이 아니라, 아이의 삶 전체를 한 줄기로 보면서 돕는 일이었어요.

프뢰벨의 저서 『엄마의 노래와 아기 놀이(Mutter und Koselieder)』는 이런 철학이 잘 녹아 있는 작품입니다. 1844년에 출판된 이 책은 어머니와 양육자들을 위한 놀이 안내서이면서, 노래와 시, 그림과 손가락 놀이가 함께 있는 작은 우주입니다. 흥미로운 점은, 여기에 실린 그림들이 단지 노래를 꾸며 주는 장식이 아니라 각기 나름의 상징적 의미를 담고 있다는 것이에요.

그림 7 꽃바구니

예를 들어 「꽃바구니」 편을 보면, 엄마는 땅에 꽃을 심고 옆에 앉아 있는 아이는 작은 꽃을 다듬으며 마치 정원에서 꽃 놀이를 하듯 평화로운 한때를 보내고 있습니다. 겉으로 보기에는 고전 그림의 한 장면이지만, 이 속에는 성장과 순환, 돌봄과 생명에 대한 경험이 함께 담겨 있습니다. 아이는 그림 속 꽃을 보며, 꽃을 만졌던 기억과 향기를 함께 떠올려요. 그러면서 꽃도 그림 속 자연처럼 살아 움직이는 존재라는 걸 몸으로 느끼게 됩니다.

프뢰벨이 말한 전인적 발달은 아이가 세계를 먼저 '전체'로 경험하고, 그 안에서 자연스럽게 '부분'을 알아가는 성장입니다. 가족을 관계도로 배우기 전에 함께 먹고 놀고 안기는 경험 속에서 가족을 먼저 느끼는 것처럼, 배움은 설명보다 경험에서 시작됩니다.

『엄마의 노래와 아기 놀이』 속 그림과 노래, 시는 단순히 아이를 즐겁게 하는 요소를 넘어, 교육적 · 철학적 메시지를 전합니다. 각 놀이와 노래는 아이가 자신의 몸, 가족, 자연, 더 넓게는 우주와의 관계를 조금씩 알아 가도록 설계되어 있습니다. 아이는 손가락 놀이 하나를 하더라도 '나와 너', '안과 밖', '부분과 전체' 같은 관계를 자연스럽게 경험하게 되지요.

이는 세계를 상징적 언어로 읽어 내려 했던 노발리스의 낭만주의 철학과 같은 맥락에 있습니다.

손의 경험과 상징의 경험이 만날 때

상징과 은유를 통해 생각하는 방식은 오늘을 사는 아이들에게도 중요한 사고의 바탕이 됩니다. 상징을 통해 세계를 바라본 아이는, 눈에 보이는 것 너머로 자신이 겪은 장면들을 떠올리기 시작합니다. 그 장면들이 겹쳐지며, 아이의 생각은 조금씩 넓어져요.

가베로 블록을 쌓고 나누고 다시 조합하는 활동은 아이의 손과 눈, 공간 감각을 깨우는 작업입니다. 여기에 노래와 이야기가 더해지면, 블록은 단순한 도형이 아니라 아이가 겪은 장면을 담는 그릇이 돼요. 아이는 같은 경험을 다시 떠올리며, 놀이 속에 담긴 장면을 오래 붙잡아 둡니다. 몸의 경험과 상징의 경험이 함께할 때, 아이는 정답을 찾기보다 장면의 의미를 곱씹으며 생각을 이어 갑니다.

가베 교육은 손으로 만지는 구체적인 세계와, 상징으로 읽어 내는 보이지 않는 세계를 잇는 다리입니다.

5

지켜 주는 돌봄의 방식, 인간다움

알고리즘 시대, EQ·SQ·LQ를 키우는 가베 교육

AI가 뭐든지 더 빨리, 더 정확하게 해내는 시대입니다. 부모님 마음속에는 자연스럽게 이런 질문이 떠오릅니다.

"그럼 우리 아이에게 지금 무엇을 가르쳐야 할까?"

정보를 찾고, 계산하고, 패턴을 분석하는 일은 이미 AI의 몫이 되어 가고 있어요. 단순한 지식 암기만으로는 아이의 미래를 준비시킬 수 없다는 사실이 분명해졌습니다. 한때는 IQ가 중요한 기준이었습니다. 얼마나 빨리, 얼마나 정확하게 문제를 푸는지가 능력의 척도였지요. 그러나 지금은 상황이 달라졌습니다. 감정을 다루는 능력, 삶의 의미를 생각하는 힘, 배움의 과정을 즐기는 태도가 훨씬 더 중요해지고 있어요.

이 책에서는 이런 능력을 EQ, SQ, LQ라고 부르기로 합니다. EQ는 감정 지능, SQ는 삶의 의미와 가치에 대한 감각, LQ는 배우는 과정을 사랑하는 힘이에요. 이 세 가지는 AI가 대신하기 가장 어려운 '인간적인 힘'입니다.

프뢰벨이 200년 전에 말한 전인적 발달 역시 같은 방향을 가리킵니다. 머리로만 배우는 교육이 아니라, 감정과 양심, 관계와 상상력을 함께 키우는 교육이 필요하다는 뜻이지요. 가베 교육은 이런 능력을 아이의 손과 몸이 움직이는 놀이 속에서 자연스럽게 경험하게 합니다.

손과 몸으로 깨어나는 세 가지 지능

EQ – 감정을 이해하고 공감하는 힘

EQ는 자신의 감정을 알아차리고, 타인의 마음에 반응할 수 있는 힘이에요. 공감은 '착하게 지내.'라고 말한다고 생기지 않아요. 실제 상황 속에서 부딪히고, 서운하고, 미안해하고, 다시 화해하는 경험을 반복하면서 천천히 자라납니다.

7세 서진이는 친구와 쌓기 놀이를 하다가, 친구의 탑이 한순간에 무너지는 걸 보았습니다. 친구의 표정이 굳어지는 것을 본 서진이는 잠시 분위기를 보더니 조심스레 이렇게 말했어요.

"괜찮아? 다시 만드는 거 내가 도와줄게."

이 짧은 말 속에는 여러 층이 숨어 있습니다. 친구의 놀란 마음과 속상함을 눈치채는 능력, 그 마음에 손을 내밀 수 있는 용기, 그리고 '혼자보다 함께가 낫다'는 경험에서 오는 지혜까지 함께 들어 있지요.

가베 수업에서 중요한 것은 블록의 높이가 아닙니다. 블록 사이, 아이와 아이 사이에서 오가는 표정과 말, 그 작은 연결들이에요. EQ는 이렇게 놀이 속 소소한 장면들이 쌓이면서, 눈에 잘 띄지는 않지만, 분명하게 자라납니다.

SQ - 삶의 의미와 가치를 묻는 힘

SQ는 삶의 의미와 목적, 가치관과 양심을 생각하는 힘입니다.

7세 하윤이와 하진이는 6가베로 각자 원하는 작품을 만들고 있었어요. 긴 다리를 만들던 하진이는 금세 블록이 모자라 난감해했지요. 그 모습을 보던 하윤이는 자기 앞에 쌓아 둔 블록을 살짝 밀어 주며 말했습니다.

"난 이만큼만 있어도 돼. 이건 네가 써."

그날 교실 책상 위에는 조금 짧아진 하윤이의 다리와 끝까지 이어진 하진이의 다리가 나란히 놓였습니다. 겉으로 보면 블록 몇 개를 나누어 준 작은 장면이에요. 하지만 그 안에는 '내 작품을 더 크게 만드는 것'보다 '함께 다리를 완성하는 것'을 선택한 마음이 담겨 있습니다.

이런 조용한 선택의 경험이 쌓일수록, 아이는 '어떻게 살아야 할지'에 대한 자기 나름의 기준을 갖게 돼요.

LQ - 배움 자체를 사랑하는 힘

LQ는 배우는 내용을 사랑하는 힘이 아니라, 배우는 과정 자체를 좋아하는 힘입니다. 얼마나 많이 아느냐보다, 새로운 것을 배울 때 두려움보다 설렘이 먼저 올라오는 사람인가가 핵심이에요. 평생학습자로 살아갈 수 있는 토대이기도 하지요.

6세 이서의 1가베, 물감 놀이 시간이었습니다. 빨간색 물감이 묻은 붓을 헹굼 물에 씻고, 이어서 파란색 물감이 묻은 붓을 씻는 순간, 물의 색이 천천히 바뀌었어요.

"빨강이랑 파랑이 만나 보라색이 됐어요. 다른 색도 섞어 볼래요."

이것은 단순히 색 이름을 말한 장면이 아닙니다. 아이는 스스로 시도하고, 결과를 눈으로 확인한 뒤, 그 경험을 다시 확장해 보고 싶어 하지요. 누가 시켜서가 아니라, 아이 안에서 올라오는 궁금함이 다음 배움을 이끌고 있는 것이에요.

LQ는 시험 점수로는 잘 드러나지 않지만, 아이가 앞으로의 삶에서 무엇이든 다시 배울 수 있게 해 주는 가장 중요한 힘이에요. 결과보다 과정의 즐거움이 반복될 때, 아이는 배우는 사람이 됩니다.

기다림이 가르치는 것

앞서 살펴본 것처럼 프뢰벨은 교사와 부모를 정원사에 비유했습니다. 여기서 핵심은 기다림입니다. 아이가 스스로 발견할 시간을 주는 것, 그것이 가르침의 시작이지요. 가베 수업에서도 우리는 아이 대신 탑을 완벽하게 쌓아 주지 않습니다. 그 대신 이렇게만 물어봐요.

"어디가 제일 흔들거렸을까?"

이 한마디는 실패를 잘못이 아니라, 다시 시도해 볼 수 있는 경험이라는 생각으로 바꾸어 줍니다. 아이가 여러 번 시도해 보는 만큼, '다시 해도 괜찮구나, 나는 잘 해낼 수 있는 사람이구나.'라는 감각을 자신 안에 남겨요. 이 과정에서 아이는 책임과 조율, 양보를 자연스럽게 배워 가지요. 이런 경험은 기술이 대신해 줄 수 없습니다. 정보와 계산은 AI가 대신할 수 있지만, 그 능력을 어떤 마음과 가치로 쓸지는 여전히 인간이 선택해야 해요.

가베는 아이가 무엇을 해낼 수 있는지를 앞세우는 교육이 아니라, 어떤 사람으로 자라도록 시간을 열어 주는 교육입니다. 알고리즘이 점점 더 많은 판단을 대신하는 시대일수록, 이 조용한 정원에서 길러진 EQ · SQ · LQ는 아이가 삶의 선택 앞에 설 때 끝까지 함께하는 힘이 됩니다.

Section 1
한눈에 정리

- **정원사처럼 기다리는 교육이 아이를 키운다.**

  AI 시대에 아이에게 정말 필요한 것은 '많이 아는 아이'가 아니라, 손과 몸으로 경험을 엮어 '스스로 생각을 만들어 내는 아이'입니다.

- **실패해도 다시 시작할 수 있다는 경험이 힘이 된다.**

  가베 놀이는 탑이 무너지고 다시 쌓이는 과정을 통해, 정답보다 과정과 다시 시도하는 힘을 길러 주는 교육입니다.

- **감각은 저절로 흘러가지 않고, 생각의 틀이 되어 쌓인다.**

  아이의 감각은 사라지지 않습니다. 칸트와 프뢰벨이 말한 것처럼, 감각은 겹겹이 쌓여 세상을 해석하는 기준이 됩니다. 가베는 이 전환을 아이의 손끝에서 볼 수 있게 해 주는 도구입니다.

- **AI가 대신할 수 없는 능력은 작은 정원에서 자란다.**

  EQ · SQ · LQ 같은 인간다운 능력은 알고리즘이 대신할 수 없습니다. 가베 교실과 집안의 작은 정원에서 부모와 교사는 그 성장을 기다려 주는 정원사입니다.

생각을 여는 질문 가이드

❶ 블록이 무너지거나 모양이 바뀌었을 때

여기가 자꾸 무너지는데, 어디를 어떻게 바꾸면 안 무너질까?

여기를 올리려면 아래를 어떻게 만들면 될까?

❷ 그림과 동시를 감상할 때

이 그림에 나도 그림을 그린다면 무엇을 그리고 싶어?

이 동시를 읽고 무엇이 떠올랐어?

❸ 현실 경험과 연결할 때

이 모양은 어디에서 본 거야?

우리 지난번에 갔던 곳 만들어 볼래?

SECTION 2

손끝으로 자라는 아이의 뇌

1

손으로 쌓는 아이의 뇌

촉각이 사고력으로 바뀌는 뇌의 비밀회로

손끝에서 시작되는 신호

아이가 가베 블록을 손에 쥐는 때부터, 변화는 몸의 감각에서 먼저 시작합니다. 나무의 매끄러운 촉감, 모서리에서 느껴지는 각, 손바닥에 전해지는 무게와 균형감이 모두 신경 신호가 되어 뇌로 올라갑니다. 겉으로 보면 블록을 한 번 집어 들고 내려놓는 단순한 동작 같지만, 아이의 뇌 안에서는 여러 감각 영역과 운동 영역이 동시에 활성화되며, 짧은 주기로 반응을 주고받습니다.

특히 영유아기와 초등 저학년 시기의 아이들은 눈으로 보기만 해서는 세상을 충분히 이해하지 못합니다. 한 번 보고 '알겠어.' 하고 끝나는 것이 아니라, 꼭 만져 보고, 굴려 보고, 쌓아 보면서 비로소 '아, 이런 거구나.' 하고 받아들이지요.

집에서 장난감을 가지고 놀 때, 아이가 굳이 입에 넣어 보고 이리저리 부딪혀 보며 끝까지 확인하려 드는 모습을 한 번쯤 보셨을 겁니다. 이런 몸의 경험은 단순한 놀이처럼 보이지만, 아이의 주의 집중이나 계획 세우기 같은 사고의 기초를 함께 키웁니다. 인지과학에서는 이를 '체화된 인지'라고 부르기도 합니다. 아이의 배움은 언제나 몸에서 먼저 시작됩니다.

가베는 뇌가 좋아하는 감각 자극 세트

여러 감각을 동시에 사용하는 경험은 아이의 뇌 발달에 중요합니다. 눈은 색과 모양을 보고, 손가락은 표면과 각을 느끼고, 몸 안쪽 감각(고유수용 감각)은 지금 내가 얼마나 힘을 쓰고 있는지를 동시에 감지해요. 이 감각들이 동시에 들어오면, 뇌는 각각의 정보를 하나의 경험으로 엮어 이해합니다. 손으로 만지고 쌓는 이 경험은 단순한 감각 자극을 넘어, 아이의 생각을 지탱하는 인지적 기초 체력을 키워 주는 시간이에요.

조금 더 안쪽으로 들어가 보면, 이런 감각 경험은 단지 '느낌이 좋아졌다' 수준에서 끝나지 않습니다. 뇌 구조의 연결 방식, 다시 말해 '배선' 자체를 바꾸어 놓습니다. 뇌과학에서는 자주 함께 활성화되는 신경세포끼리의 연결이 점점 더 굵고 빠르게 변하는 현상을 가소성이라고 부릅니다.

자주 다니는 산책로를 떠올려 보시면 이해가 쉽습니다. 사람들이 계속 지나가는 길은 흙이 단단해지고 잡초가 눌리면서 점점 더 뚜렷해지지만, 아무도 가지 않는 길은 시간이 지나며 흔적이 사라지지요. 뇌 회로도 이와 비슷하게 변합니다. 자주 사용하는 길은 더 단단해지고, 거의 쓰지 않는 길은 서서히 지워지지요.

가베 수업은 '집행 기능' 연습장이 된다

가베 수업 장면을 한번 떠올려 보겠습니다. 아이들은 같은 기준으로 여러 번 블록을 나누어 보고, 비슷한 구조를 며칠에 걸쳐 반복해서 만들어 보고, 판지를 접었다 펼치며, '여기가 바닥이었지?'를 계속 확인합니다. 이 과정은 모두 비슷한 뇌 회로를 반복해서 사용하는 경험입니다. 자주 쓰는 길이 조금씩 더 넓고 단단해지는 셈이지요.

손기술만 느는 것이 아니라, 그 뒤에서 정보를 처리하는 뇌 회로가 함께 훈련되는 과정입니다. 이 반복 경험은 집행 기능과도 깊이 연결됩니다. 집행 기능은 목표를 세우고 순서를 계획하며, 실수했을 때 전략을 조정하는, 일종의 '뇌의 조절 장치'입니다. 최근 연구들은 섬세한 손 움직임(특히 균형과 손재주)과 전반적인 집행 기능 사이에 지속적으로 긍정적 관련성이 있다는 점을 보여 줍니다.

가베 시간을 떠올려 보면, 이 집행 기능이 얼마나 자주 호출되는지 금방 느끼실 수 있습니다. 오늘은 색깔로 나눌지, 모양으로 나눌지 기준을 스스로 정해야 하고, 입체를 만들려면 어떤 블록을 아래에 두고 어떤 블록을 위에 올릴지 순서를 계획해야 합니다. 계획대로 쌓았는데 무너지면 '어디가 문제였지?'를 다시 생각해 봐야 하지요.

겉으로 보기에는 손만 바쁘게 움직이는 것 같지만, 머릿속에서는 가설을 세우고, 결과를 예측하고, 실패하면 다른 방법을 찾는 과정이 계속 일어납니다. 이 일련의 과정이 바로 블록 하나만으로도 충분히 이루어지는 뇌 회로 훈련입니다.

2

손끝에 남는 경험과 뇌의 흔적

"나 혼자 만들었어요!"라는 말

가베 시간에는 눈에 보이지 않는 또 다른 변화도 함께 일어납니다. 바로 아이의 뇌 속 보상 시스템이 깨어나는 지점입니다.

예를 들어, 6세 아이가 꽤 복잡한 구조의 건축물을 스스로 완성했을 때를 떠올려 볼게요. 한참 동안 말없이 쌓더니, 갑자기 눈을 반짝이며 이렇게 말합니다.

"선생님, 이거 나 혼자 다 만들었어요!"

이때 아이의 표정은 단순한 기분 좋음이 아니에요. 뇌 안에서는 '노력 → 도전 → 성공 → 기쁨'으로 이어지는 보상 회로가 자연스럽게 활성화됩니다. 신경과학에서는 이런 순간에 도파민이라는 신경전달물질이 분비된다고 설명합니다. 도파민은 성취감을 느끼게 할 뿐 아니라, 이 행동을 다시 시도해도 좋다는 신호를 뇌에 남깁니다.

외부 보상보다 강력한 '내적 보상'

신경과학 연구들은 특히 스스로 목표를 세우고, 스스로 시도해서 얻은 성취일수록 이 보상 회로가 더 건강하게 작동한다고 강조합니다. 누가 '이렇게 하면 스티커 줄게.'라고 해서 억지로 시작한 활동이 아니라, 아이 마음속에서 '여기까지 해 보고 싶다'는 마음이 먼저 일어난 경우에, 뇌는 그 경험을 더 깊이 기억해요.

가베 교육의 힘은 바로 여기에 있습니다. '잘했어, 상 줄게요.' 같은 외부 보상이 중심이 아니라, 스스로 했다는 내적인 기쁨이 중심에 있기 때문이에요. 이런 내적 보상 구조는 아이의 자기 효능감을 키웁니다.

'나도 잘할 수 있구나'라는 기본 믿음이 생기면, 학습에 대한 태도도 자연스럽게 바뀝니다. 어려운 문제를 만났을 때 "몰라요." 대신 "한번 해 볼게요."가 먼저 나오는 아이로 자라게 되는 것이지요. 부모 입장에서는 이것이 시험 점수보다 훨씬 오래 가는 자산입니다.

가베 시간에 "나 혼자 만들었어."라고 말해 본 경험은, 도전하고 다시 시도해 결국 해냈다는 감각으로 아이 안에 남습니다. 이 감각은 이후의 배움에서도 아이의 기준으로 남습니다.

디지털 시대, 왜 일부러 '손의 시간'을 지켜야 할까

이제 이 이야기를 오늘의 디지털 환경과 함께 놓고 생각해 보겠습니다. 스마트폰과 태블릿은 이미 아이들의 일상 속 깊은 곳까지 들어와 있어요. 그래서 '스크린이 아이 뇌를 망가뜨린다'는 극단적인 말과 '전혀 문제없다'는 말 사이에서, 부모들은 늘 어디쯤을 믿어야 할지 고민하게 합니다.

관련 뇌 영상 연구를 보면, 결과는 그 중간쯤에 놓여 있습니다. 3~5세 유아를 대상으로 스크린 사용 시간과 뇌의 구조를 함께 살펴본 뇌 영상 연구들에서는, 스크린 기반 미디어 사용 시간이 길수록 언어와 읽기 발달과 관련된 백질(뇌 안쪽의 연결 다발) 또래에 비해 뇌 연결 발달이 조금 느리게 나타났다는 보고가 있습니다.

다만 이는 곧바로 스크린 사용이 아이의 발달에 해롭다고 단정할 수는 없습니다. 대부분의 연구는 상관관계를 보여 줄 뿐이고, 스크린 사용과 함께 나타나는 수면 부족이나 야외 활동 감소, 부모와의 대화 시간 변화 같은 요인을 완전히 분리해 보기는 어렵기 때문입니다.

이런 이유로, 최근에는 부모와 함께 상호작용하며 시청하는 교육용 콘텐츠의 경우 영향이 다르게 나타날 수 있다는 연구들도 함께 보고되고 있습니다. 결국 중요한 것은 '얼마나 오래, 무엇을 보고, 누구와 함께 하느냐' 입니다.

이런 세부 조건을 모두 따져 보더라도, 부모 입장에서 분명하게 기억해 두면 좋은 사실이 하나 있습니다.

화면을 보는 시간이 늘어나면, 그만큼 다른 시간은 줄어들 수밖에 없다는 점입니다. 몸을 쓰며 뛰노는 시간, 손으로 만지고 조립하는 시간, 얼굴을 마주하고 대화하는 시간도 함께 줄어든다는 뜻이지요. 줄어드는 것은 단순한 놀이 시간이 아니라, 아이의 뇌가 가장 좋아하고 뇌 회로를 가장 잘 자라게 하는 경험들입니다.

손 활동과 학업 성취는 생각보다 가깝다

손과 뇌, 학습 사이의 관계를 살펴본 연구들도 비슷한 메시지를 전합니다.
손가락을 얼마나 섬세하게 쓸 줄 아는지가, 단순히 그림이나 공작 실력에서 그치는 것이 아니라 교실 안에서 다루는 기호와 개념 이해와도 연결된다는 뜻입니다.

손으로 글자를 써 보고, 모양을 직접 그려 본 아이들이 화면을 터치한 아이들보다 글자와 단어를 더 잘 기억한다고 합니다. 단순히 쓰기 도구만 바뀐 것처럼 보이지만, 뇌 안에서 작동하는 회로는 전혀 다른 방식이라는 뜻이지요.
그래서 이 절의 결론은 '디지털 기기를 모두 없애야 한다.'가 아닙니다. 오히려 화면이 일상화된 시대일수록, 의도적으로 '손의 시간을 더 많이 확보해 줘야 한다.'입니다.

그래서 중요한 것은 무엇을 더 가르치느냐가 아니라, 어떤 경험을 반복하느냐입니다. 가베처럼 손으로 나누고, 쌓고, 무너뜨리며 다시 시도해 보는 경험은 아이의 뇌에 '도전해도 괜찮다'는 흔적을 남깁니다. 이 흔적이 쌓일수록, 아이는 누가 시키지 않아도 스스로 해 보려는 사람으로 자라게 됩니다.

3

구체에서 추상으로 자라는 계단

인지 발달의 비밀 지도

아이들의 생각은 참 신기합니다. 눈앞에 있는 블록 하나를 이리저리 만지던 손이, 어느 날엔가 만지지도 않은 도형을 머릿속에서 먼저 돌리고 비교하기 시작하니까요. 구체적인 것에서 출발해 조금씩 추상으로 날아오르는 이 과정은, 계단을 한 칸씩 올라가는 모습과 아주 닮아 있습니다.

가베 교구는 바로 이 인지적 계단을 안전하게 올라갈 수 있게 받쳐 주는 발판입니다. 1가베의 부드러운 털실 공에서 시작해, 점점 복잡해지는 입체 구조물까지 이어지는 흐름은 아이 사고가 자라는 순서와 놀랄 만큼 비슷하지요. 프뢰벨이 200년 전에 이미 이런 길을 설계해 두었다는 점을 떠올려 보면, 가베는 단순한 블록 세트가 아니라 '생각이 자라는 순서'를 품고 있는 도구라고 볼 수 있습니다.

그림 8

그림 9

지유가 처음 3가베를 만났던 날을 떠올려 봅니다. 6세 지유는 8개의 작은 정육면체를 한참 바라봤습니다. 그러더니 아무 계획 없이 이것저것 쌓아 보기 시작했지요.

"어? 안 되네?"

블록 하나가 떨어지자 지유는 다시 시도했습니다. 또 떨어졌습니다. 그래도 포기하지 않고, 손으로 계속 가능성을 시험해 보았지요. 어른 눈에는 단순한 놀이처럼 보이지만, 아이에게는 '이렇게 해 볼까? 아니네. 그럼 이렇게?'를 끊임없이 시험해 보는 탐색의 시간입니다.

한 주가 지났을 때, 전혀 다른 장면이 펼쳐졌습니다. 지유는 블록을 손에 들기도 전에 이렇게 말했습니다.

"이 조각은 여기 올려야 블록이 안 떨어져요."

이번에는 손부터 움직이지 않았습니다. 먼저 머릿속에서 모양을 떠올리고, 그다음에 손이 따라갔지요. 손끝의 경험이 머릿속 '그림'으로 옮겨 간 것입니다. 반복된 실패와 성공을 거치면서, 블록의 위치 · 방향 · 균형에 대한 정보가 지유의 뇌 안에서 하나의 패턴으로 묶이기 시작한 단계입니다.

손의 감각이 그리는 '생각의 지도'

가베 활동을 할 때 아이의 뇌에서는 여러 일이 동시에 일어납니다. 손끝에서 느껴지는 촉감은 감각을 처리하는 영역으로, 블록의 위치와 방향에 대한 정보는 공간을 담당하는 영역으로, '다음에는 어디에 둘까?'를 고민하는 순간에는 계획과 조절을 맡은 전전두엽으로 신호가 올라갑니다. 뇌는 이 느낌들을 따로따로 쌓아 두지 않습니다.

"이 조각은 여기 있었고, 이렇게 돌렸더니 맞았어."
"이렇게 쌓으니까 자꾸 무너졌어."

이런 경험이 쌓일수록, 아이는 눈앞에 블록이 없어도 머릿속에서 구조를 떠올리고 회전시키기 시작합니다. 손으로 만든 탑과 집은 사라지지만, 모양 자체보다 구조와 관계에 대한 이해는 오히려 더 분명해집니다. 이렇게 구체적인 놀이 경험은 점차 물건 없이도 생각할 수 있는 추상적인 사고로 이어집니다.

같은 개념을 더 깊게 만나는 발달의 방식

그림 10 패턴

→

그림 11 대칭

7세 도현이가 7가베를 보고 투덜거리던 날이 있었습니다.

"또 대칭이에요? 옛날에도 했는데?"

겉으로 보면 같은 대칭이지만, 이번에는 색과 위치, 조건이 더해졌습니다. 아이가 처리해야 할 정보의 양과 난이도는 달라졌습니다. 아이들의 발달은 직선이 아니라, 같은 자리를 다시 지나가며 매번 더 높은 층에서 만나는 나선형에 가깝습니다.

어릴 때의 단순한 대칭 경험은, 시간이 지나 더 복잡한 규칙과 결합해 다시 나타납니다. 구체적인 블록 놀이가 추상적인 도형 조작과 규칙 이해로 이어지는 길, 그 중간에 가베 활동이 자리합니다. 반복되는 경험 속에서 아이의 생각은 점점 더 넓고 깊어집니다.

아이들의 추상적 사고력은 어느 날 갑자기 머릿속에서만 시작되지 않습니다. 3가베를 만지며 수없이 쌓고 무너뜨렸던 경험, 7가베로 무늬를 맞추며 대칭을 살펴보던 시간, '여기 있던 조각을 다른 쪽으로 옮겨 볼까?' 하며 구조를 바꾸어 보던 순간들이 차곡차곡 쌓여, 나중에는 눈앞에 없어도 도형을 떠올리고 규칙을 생각해 볼 수 있는 사고로 이어질 것입니다.

4

'아하!'의 순간이 태어나는 곳

감각과 사고가 만나는 마법

아이를 가르치다 보면, 어느 날 갑자기 눈빛이 달라지는 순간을 만나게 됩니다.

어제까지만 해도 도무지 감이 오지 않던 개념이, 오늘은 스스로 설명이 되고 "아, 이제 알겠다."라는 말이 절로 나오는 장면이지요. 겉으로 보면 번쩍 떠오른 깨달음처럼 보이지만, 이 '아하!'의 장면은 우연히 생기지 않습니다.

손과 눈, 몸으로 겪어 온 경험이 오랜 시간 누적된 끝에 감각과 사고가 서로 맞물리며 일어나는 결과입니다. 가베 교육이 빛나는 이유도 바로 이 지점입니다.

앞 절에서도 말했듯이, 아이들이 블록을 만지고 옮기고 쌓는 동안 시각과 촉각, 몸의 움직임이 동시에 깨어나고, 이 경험들이 반복되면서 머릿속의 추상적인 개념과 하나씩 연결됩니다. 가베 시간에 만들어지는 탑과 집, 꽃과 나비는 단순한 작품이 아니라, 이해가 도약할 수 있는 조건을 차곡차곡 마련하는 과정이라고 볼 수 있습니다.

주영이가 몸으로 이해한 부피 개념

10세 주영이는 5가베로 입체 도형을 만들다 부피 개념을 깨달았습니다. 처음에는 작은 정육면체를 하나씩 세어 가며 하나씩 개수를 늘려갔어요. 그러다 어느 순간, 손이 움직이는 방식이 달라졌습니다.

"바닥에 3×3으로 9개니까, 두 층이면 18개예요."
"이번에는 바닥이 3×3이라서 9개고, 높이가 3이니까 27개예요."

이때 주영이는 단순히 '많다, 적다'를 감으로 느끼는 수준을 넘어서, 가로 · 세로 · 높이를 곱해 전체 개수를 구하는 구조를 이해한 것이었습니다.

가베 상자는 블록을 꺼내면 그 자리에 빈 공간이 그대로 남도록 만들어져 있습니다. 주영이는 상자 속 빈자리와 손에 들고 있는 블록을 번갈아 보면서, 채워지는 공간과 비어 있는 공간을 눈으로 비교했어요.

이 경험이 반복되면서, 부피는 주영이에게 종이에 적힌 숫자가 아니라 눈앞에서 채워졌다 비워지는 입체 이미지로 자리 잡았습니다. 식이 먼저가 아니라, 몸이 먼저 이해한 셈이지요.

'맞았다'는 감정은 뇌에도 흔적을 남깁니다. 앞에서 말했듯이 주영이는 스스로 계산한 블록 수와 실제로 세어 본 블록 수가 정확히 일치했음을 알았을 때, 뿌듯함이 섞인 표정을 지었습니다.

"선생님, 진짜 27개예요."

이 말은 단순한 기쁨의 표현이 아닙니다. '내가 생각해 낸 방식이 통했다'는 확인의 순간입니다. 뇌과학에서는 이런 순간에 뇌의 보상 체계가 활발하게 작동한다고 설명합니다. 예상과 결과가 일치할 때, 특히 스스로 세운 가설이 검증되었을 때 뇌는 도파민이라는 신경전달물질을 분비해 '이 방법은 효과가 있다'는 '자기 효능감'으로 자리 잡습니다.

감각에서 상징까지 이어지는 '아하'의 사다리

주영이의 경험은 수학이 어느 날 갑자기 머릿속에서만 시작되는 것이 아니라는 점을 잘 보여 주는 사례입니다. 처음에는 손으로 블록을 옮기며 양을 비교하고, 조금씩 쌓아 올라가며 크기를 느끼고, 채워진 공간과 빈 공간을 계속 바꾸어 보는 경험이 먼저 자리합니다. 이 과정에서 아이의 뇌는 눈으로 본 모습과 손끝으로 느낀 감각을 함께 묶어 '이 정도면 이만큼 들어간다'라는 수 감각을 형성해 갑니다.

이 감각이 어느 정도 쌓인 뒤에야 '가로×세로×높이'라는 상징적 표현이 의미를 갖게 되지요. 교과서에서 처음 보는 식이 낯선 암호처럼 느껴지지 않고, '내가 이미 해 봤던 방식'과 연결되어 이해됩니다.

교육심리학자 브루너(Jerome S. Bruner)는 아이의 사고 발달 과정을 행동–영상–상징 세 단계로 설명합니다. 처음에는 손으로 만지고 조작하며 배우는 행동 단계, 그다음에는 실제 블록이 없어도 머릿속에 그림을 떠올리며 이해하는 영상 단계, 마지막에는 언어나 수학 기호로 개념을 표현하는 상징 단계로 나아갑니다.

가베 활동은 이 세 단계를 끊김 없이 이어 주는 다리 역할을 합니다. 아이들이 손가락으로 수를 세고, 블록을 나누어 보고, 도형을 만들어 보는 경험이 단순한 놀이가 아니라, 나중에 수학적 상징을 이해할 수 있는 토대를 만드는 과정입니다.

'아하' 순간은 준비된 손끝에서 나온다

결국 아이들의 '아하!'는 어느 날 갑자기 찾아오는 깨달음이 아닙니다. 손으로 만지고, 쌓고, 무너뜨리며 축적된 감각의 기억이 머릿속에서 구조화된 이해와 만나는 지점에서 태어납니다. 주영이가 5가베로 부피를 계산해 보고, 7가베로 패턴을 만들며 규칙을 찾고, 완성된 작품 앞에서 한 걸음 물러나 전체를 바라보는 동안, 아이의 뇌 안에서는 따로 놀던 조각들이 하나의 그림으로 이어집니다. 그때 비로소 "이제 알 것 같아요."라는 한마디가 입 밖으로 나옵니다.

가베 교육은 감각과 사고, 손의 경험과 수학적 개념, 놀이와 통찰을 하나로 엮어 주는 과정입니다. 아이의 이해는 설명에서 시작되지 않습니다. 손으로 쌓아 올린 경험 위에서 비로소 자라납니다.

Section 2
한눈에 정리

- **손끝에서 시작된 감각이 생각의 길을 만든다.**

  아이가 만지고 조작하는 감각 자극은 뇌 회로를 실제로 바꾸고, 생각이 오가는 길을 점점 더 단단하게 만들어 줍니다.

- **구체적인 경험이 추상과 '아하!'의 뿌리가 된다.**

  눈에 보이고 손에 잡히는 활동이 먼저 이미지가 되고, 그 위에서 수학적 개념과 "이제 알 것 같아요."가 자라납니다.

- **'최소한의 조력'이 사고의 범위를 넓힌다.**

  정답을 대신 말해 주기보다 스스로 해 볼 시간을 열어 주고, 필요한 순간에 짧은 질문과 힌트만 건네는 조력이 생각을 확장시킵니다.

- **디지털 시대일수록 의도적인 '손의 시간'이 필요하다.**

  화면 시간이 늘어날수록 몸과 손을 쓰는 시간은 줄어들기 쉽습니다. 가베처럼 손을 쓰는 놀이는 사고력과 자기 주도 학습의 토대를 지켜 줍니다.

생각을 여는 질문 가이드

❶ 손으로 만지고 쌓는 순간에

지금 손에 잡은 블록 느낌 어때? 딱딱해, 부드러워?

이번엔 어디를 먼저 만들어야 할까? 어떤 걸로 쌓으면 될지 같이 고민해 볼까?

❷ 아이가 조금 어려워할 때

조금 어렵지? 어디까지는 혼자 해 볼 수 있을까?

이 부분까지만 내가 도와줄게. 다음은 네가 해 볼래?

❸ 실패한 구조물 앞에

무너졌네! 어디를 잘못 쌓은 걸까?

이번엔 다른 방법으로 해 보면 어떨까?

❹ 성취감을 말로 표현하게 하고 싶을 때

이번에 혼자 해낸 거야? ○○는 생각한 걸 다 만들어 내는구나?

지난번보다 더 멋지게 만들어졌어? 어떻게 이런 생각을 했을까?

SECTION 3

직관에서 만드는
사고의 완성

1

AI 시대, 손이 남기는 것

몸이 기억하면 직관이 된다

AI는 이제 일상이 되어 가고 있습니다. 모르는 것이 생기면 AI에게 먼저 묻는 일이 너무 자연스러워졌지요. 방대한 자료를 순식간에 분석하고, 복잡한 계산도 단 몇 초 만에 해내는 능력을 보면 감탄이 절로 나옵니다. 그런데 정말 중요한 질문은 그다음입니다. 그렇다면, 진짜 새로운 생각과 통찰은 어디에서 나올까요?

아인슈타인의 상대성이론, 뉴턴의 중력 법칙, DNA 이중나선 구조 같은 발견을 떠올려 보면, 그것들은 단순히 '정보를 많이 알고 있어서' 나온 결과가 아니었습니다. 수많은 경험과 사유가 한 지점에서 맞물리며 일어난 도약, 우리가 직관이라고 부르는 이해에서 비롯되었습니다. 아인슈타인은 "지성을 신으로 삼지 않도록 주의해야 한다. 지성은 강력한 근육을 가졌지만 인격은 없다. 이끌 수는 없고, 오직 섬길 뿐이다."라고 말했습니다.

지금의 AI는 이미 주어진 문제를 푸는 능력에서는 인간을 훨씬 앞서지만, '어떤 문제를 풀어야 할까?', '무엇이 진짜 중요한가?'라는 질문을 먼저 세우는 일에는 여전히 한계가 있습니다. 적어도 지금 시점까지는, 문제를 발견하고 정의하는 능력이 인간 쪽에 남아 있다고 보는 편이 더 가깝습니다.

그렇다면, 인간에게 남아 있는 이 '문제를 알아보는 능력'은 어디에서 길러질까요?

그 답은 우리가 흔히 직관이라고 부르는 영역에 있습니다.

신경과학자 안토니오 다마지오는 『데카르트의 오류』에서, 인간의 의사결정이 차가운 논리 계산만으로 이루어지지 않으며, 과거에 몸으로 겪은 경험과 그때의 감정이 함께 쌓여 형성된다고 설명합니다.

아이가 뜨거운 냄비에 손을 한 번 데이면, 다음에는 굳이 '저건 몇 도 정도 될까?'를 계산하지 않습니다. 그냥 본능적으로 '저건 위험할 것 같아.' 하고 한 발 물러서지요. 이것이 바로 몸에 새겨진 기억이며, 시간이 지나 직관으로 작동하는 방식입니다.

프뢰벨이 감각 교육을 강조한 까닭도 여기에 있습니다. 아이는 머리로만 배우지 않습니다. 나무의 무게를 느끼고, 표면의 거칠기를 만지고, 균형이 흔들거리는 순간을 온몸으로 지나가면서 세상을 이해해 갑니다.

가베 블록을 옮기고, 쌓고, 만드는 동안 아이의 신체 경험은 단순한 놀이로 사라지지 않고, 나중에 더 복잡한 선택의 순간에 '이쪽이 더 안정적이겠다.', '이 조합은 금방 무너질 것 같다.' 하고 방향을 짚어 내는 바탕이 됩니다. 몸으로 겪어 체화된 경험이 시간이 지나 생각의 재료로 되살아납니다. 이 책에서 말하는 '손의 지능'은 바로 이 길과 연결되어 있습니다.

문제를 발견하는 힘

인지심리학자 스턴버그(Robert J. Sternberg)는 '창의적 지능의 핵심은 문제를 푸는 능력이 아니라, 문제를 발견하는 능력이다.'라고 말합니다. 저는 가베 수업에서 그 문장을 자주 떠올립니다.

중학생 수현이는 어릴 때 여러 정다면체를 가베로 접고 만들며 놀던 아이였습니다.

중학교 수학 시간에 '정다면체는 5개뿐이다'라는 내용을 배우다가, 수현이는 문득 이렇게 생각했습니다. '왜 5개밖에 안 될까?'

어릴 적 가베로 정다면체를 만들며, 어떤 모양은 끝까지 맞아 떨어지지만 어떤 모양은 아무리 접어도 틈이 생기거나 모서리가 겹쳐졌던 기억이 함께 떠올랐기 때문입니다. 이 질문은 교과서의 설명에서가 아니라, 손으로 접고 만지며 쌓았던 경험에서 나왔습니다.

오늘의 AI는 '정다면체는 5개다'라는 답을 언제든지 정확하게 제시할 수 있습니다. 하지만 '왜 5개뿐일까?', '그렇다면 다른 모양은 왜 안 될까?'라고 묻는 호기심, 그리고 그 질문에서 시작되는 탐구는 아직 인간의 몫으로 남아 있습니다. 바로 그 '왜?'라는 물음에서 진짜 배움이 시작됩니다. 아이가 스스로 품은 '왜'가 있을 때, 교과서의 문장은 단순한 정보가 아니라 탐구의 출발점이 됩니다.

결국 직관과 문제를 발견하는 능력은 타고난 재능이라기보다, 손과 몸으로 축적된 경험이 켜켜이 쌓여 형성되는 것입니다.

아이가 어릴 때부터 만지고 쌓고 무너뜨리며 저장한 감각이, 나중에 어떤 문제 앞에서든 '어떤 길이 더 단단한지'를 짚어 내는 기준이 되어 줍니다.

2

'인간다움'을 강화하는 가베 교육

AI 교육을 넘어서다

우주를 묻는 아이, 생각을 여는 가베 논술

가베 논술 수업에서 고등학교 1학년 윤진이와 칼 세이건의 『코스모스』를 함께 읽던 때가 있었습니다. 묵직한 책이라 처음에는 '끝까지 읽을 수 있을까?' 하는 걱정이 앞섰지요. 하지만 시간이 지나자 윤진이는 묵묵히 책장을 넘겨 갔습니다. 어느 날 윤진이가 웃으며 말했습니다.

"선생님, 처음엔 침대에 누워서 읽다가, 읽다 보니까 왠지 그렇게 읽으면 안 될 것 같아서 책상에서 읽었어요."

가볍게 던진 농담 같았지만, 그 말에는 이미 태도의 변화가 담겨 있었습니다. 어려운 책을 대하던 태도가, 경건하게 마주해야 할 우주를 대하는 태도로 바뀐 시간이었어요.

'별들의 삶과 죽음' 장면을 함께 다시 읽던 중, 윤진이가 이렇게 물었습니다.

"선생님, 우주에서 인간이 살 수 있는 행성은 지구뿐인데, 그럼 다른 행성들은 왜 존재하는 걸까요?"

이 질문은 단순한 정보 확인을 넘어, 스스로 의미를 찾으려는 물음이었습니다.

저는 서둘러 답을 주지 않고 되물었습니다.

"의미 있는 질문이네. 그게 철학의 시작이야. 그냥 있는 그대로 받아들이는 대신 '왜'라고 되묻는 것. 윤진이는 왜 그렇다고 생각해?"

윤진이는 잠시 생각을 다듬더니 천천히 말을 이었습니다. 윤진이는 책에서 읽은 '별의 먼지' 이야기를 떠올리며, 인간의 몸을 이루는 원소가 다시 자연과 우주로 돌아간다는 생각을 조심스럽게 풀어 놓았습니다. 잠시 멈춘 뒤, 윤진이는 다시 이렇게 말했습니다.

"그렇게 보면 지구와 우주, 그리고 우리는 따로 떨어진 존재가 아니라 하나의 연결 속에 있어요. 서로에게 영향을 주고받으며 함께 존재하는 관계라는 생각이 들어요."

우리는 그 뒤로도 한동안 우주와 인간의 관계에 대해 이야기를 이어 갔습니다. 인간을 중심에 두고 우주를 바라볼 수도 있고, 광대한 우주 속 작은 점으로서의 인간을 떠올릴 수도 있다는 것, 그리고 이 두 시선을 오가며 '나는 어디에 서 있을까?'를 묻는 존재가 인간이라는 점에 대해 말했습니다.

이 장면의 핵심은 정보가 아니라, 존중받은 질문과 머무를 수 있었던 생각이에요. 윤진이는 정답을 찾기 위해 질문한 것이 아니라, 자신이 느끼는 경이로움과 두려움을 한꺼번에 말로 꺼내 본 것이었습니다. 그 말을 지나치지 않고, 함께 붙들고 있어 주는 어른이 옆에 있었다는 사실이 더 중요해요.

검색창에 같은 질문을 입력하면 수많은 설명과 이론이 순식간에 떠오릅니다. 그러나 한 아이의 얼굴, 숨 고르기, 말의 속도까지 지켜보며 그 질문이 어떻게 자라나는지 읽어 내는 일은 여전히 사람의 몫입니다. 가베 논술 교실에서 우리가 지키고 싶은 '인간다움'은 바로 이런 시간 속에서 형성됩니다.

손에서 시작해 화면으로

8세 주안이는 6가베 블록으로 자기만의 집을 설계한 적이 있습니다. 처음에는 사각형 방 하나를 만들다가 곧 "여기는 창문, 여기는 거실이에요." 라고 말하며 방과 방을 이어 갔습니다. 균형을 잘못 잡아 무너지면, 주안이는 블록을 다시 주워 들고 구조를 바꾸어 보았습니다. "여기는 너무 좁아요.", "여기는 기둥이 더 있어야 해요." 같은 말이 자연스럽게 따라 나왔습니다.

저는 짧은 질문으로 주안이의 생각이 그 구조에 조금 더 머물 수 있도록 도왔습니다.

"방이 넓어야 하는 이유가 뭐야?", "천장을 올리고 싶은 것 같은데 어떤 블록을 어떻게 써 보면 좋을지 한번 생각해 볼래?"

계속된 실패로 주제를 바꿀 법도 한데 주안이는 방을 넓혀 보고, 층을 더해 보며 구조를 계속 바꾸었습니다.

얼마 뒤 주안이는 태블릿 게임 〈블록 크래프트 3D〉를 열어 그동안 가상 공간에 만들던 집을 보여 주었습니다.

"선생님, 여기에 탑처럼 더 올릴 거예요. 가베로 만들 때 자꾸 무너졌던 데 있죠? 게임에서는 거기까지 높이 올려 볼 거예요."

디지털 공간에서 주안이는 현실에서는 시도하기 어렵던 크기와 범위를 마음껏 확장해 보았습니다. 가베로 쌓으며 익힌 공간 감각이, 화면 속 공간에서도 그대로 이어졌습니다.

이때 태블릿은 상상의 출발점이 아니라, 이미 손에서 시작된 상상을 더 멀리 보내 주는 확장판이 됩니다. 먼저 몸으로 경험한 세계가 있고, 그다음에 디지털 도구가 찾아왔기 때문에 가능한 흐름입니다.

가베 수업이 지키고자 하는 것은 '디지털을 멀리하자'는 구호가 아닙니다. 어떤 도구를 쓰든, 아이가 스스로 공간을 구상하고 '이 구조가 더 잘 어울릴까?', '여기에 누가 살면 좋을까?'를 떠올려 볼 수 있는 힘입니다. 그 힘은 화면을 터치하기 훨씬 이전, 손끝에서 시작됩니다.

인간다움을 남기는 교육

겉으로 보면 윤진이와 주안이의 이야기는 전혀 다른 장면처럼 보입니다. 하나는 우주를 묻는 고등학생이고, 다른 하나는 집을 짓는 초등학생이기 때문입니다. 그러나 두 장면에는 분명한 공통점이 있습니다. 아이 스스로 떠올린 생각이 서둘러 정리되거나 평가되지 않고, 교사와의 관계 안에서 충분히 머물 수 있었다는 점입니다.

윤진이에게 중요한 것은 '윤진이는 어떻게 생각해?'라는 되물음이었고, 주안이에게 중요한 것은 '여기는 왜 이렇게 만들었어?'라고 물어 주는 시선이었습니다.

가베 수업은 아이의 내면에서 일어나는 미세한 변화를 함께 지켜보는 시간이기도 합니다.

이런 순간들은 가베 수업이 무엇을 가르치는지보다, 어떻게 함께 있는지를 보여 줍니다.

AI는 정교해질 수 있지만, 아이의 생각이 자랄 때까지 질문 앞에 머무는 일은 어른만이 할 수 있습니다. 가베 교육이 지키는 인간다움은 바로 이 기다림입니다.

3

아이의 질문력이 만드는 경쟁력

질문은 아이 안에서 피어나는 첫 번째 사고다

"왜 하늘은 파랗지?", "고래는 물고기 아닌데 왜 물속에서 살 수 있어요?", "우리 눈이 만약 뒤에 달려 있다면 어떻게 걸을까요?"

아이들이 던지는 질문은 얼핏 엉뚱해 보이지만, 그 안에는 세상을 이해하고 싶어 하는 강한 의지가 담겨 있습니다. 프뢰벨은 이런 물음을 어린이 안에서 피어나는 '배움의 불씨'로 보았어요. 교육은 지식을 채워 넣는 일이 아니라, 이미 아이 안에서 움트고 있는 질문의 싹을 발견하고 키워 주는 과정이어야 한다는 뜻이지요. 질문은 아이 머릿속에서 흩어진 감각과 정보들을 하나의 그림으로 엮으려는 첫 시도입니다. 결국 질문은 '이해하고 싶다'는 마음의 표현이고, 그 표현이야말로 학습이 시작되는 지점이에요.

수업 현장에서도 질문의 힘은 분명하게 드러납니다. 7세 은서는 4가베를 처음 만났을 때 이렇게 물었어요.

"선생님, 이건 정육면체가 아니고 긴 사각형이에요? 2가베는 큰 정육면체였는데?"

블록을 꺼내고, 쌓았다가 바꾸어 보는 동안 아이는 '뭐가 이상하지?', '어떻게 다르게 해 볼까?'를 스스로 묻는 사람으로 자라납니다. 이때 교사나 부모가 할 수 있는 가장 좋은 반응은, 곧바로 답을 주기보다 질문을 다시 돌려주는 거예요.

"은서가 선생님보다 먼저 알아챘네.", "그럼 모양이 왜 다를까?"

이 짧은 되물음은 은서의 시선을 다시 블록과 자기 생각으로 돌려놓습니다. 앞에서 살펴본 것처럼, 정답을 곧바로 말해 주기보다 잠시 멈추어 아이 스스로 이유를 짐작해 보게 할 때, 그 경험은 아이 안에서 더 깊어집니다.

경험과 연결될 때, 질문은 더 깊어진다

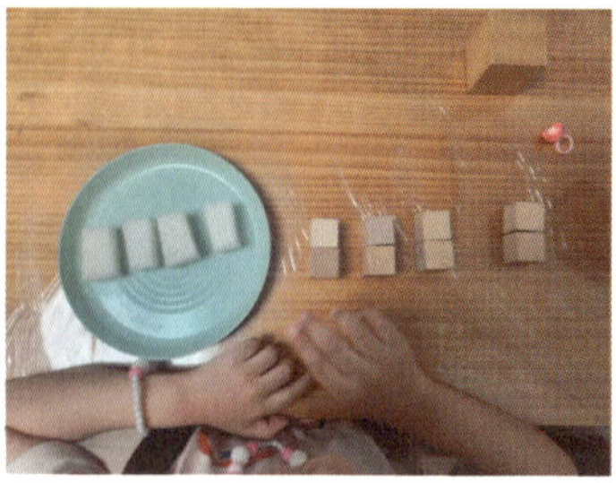

그림 12 직육면체 모양의 무와 3가베 비교하기

그림 13 무로 7가베 평면도형 잘라보기

은서의 질문은 이전에 직접 해 보며 쌓았던 경험으로 자연스럽게 이어졌습니다.

"그때 무를 자르니까 정육면체가 나왔잖아요. 7가베는 정육면체를 자른 거네요."

이 말은 단순히 모양의 차이를 보는 수준을 넘어, 분할이라는 개념을 자기 몸으로 겪었던 경험과 연결해 해석한 거예요.

아이의 질문이 '직접 해 본 경험'과 연결될 때, 인식의 깊이가 달라집니다. 색종이를 자르고 접어 보며 '같은 종이인데, 접는 방법에 따라 모양이 달라진다'는 사실을 몸으로 알게 된 아이는, 이후 가베에서 정육면체가 어떻게 나뉘는지도 훨씬 수월하게 이해해요. 이때 아이는 단순히 정보를 아는 수준을 넘어, '세상이 이렇게도 보일 수 있구나.' 하고 다른 관점을 갖게 되지요.

이런 학습의 흐름이 반복될수록 다양한 놀이와 활동 속에서 질문이 자라고, 그 질문이 다시 새로운 경험을 끌어오는 선순환이 생깁니다. 바로 이 흐름이 가베 교육이 지향하는 본질입니다.

4

AI 시대의 인재, 문제 '발견자'

관찰에서 성찰까지, 질문이 깊어지는 길

앞서 말한 것처럼, 아이들은 가베 교구를 꺼내고, 만지고, 쌓고, 바꾸는 과정을 반복합니다. 이때 교사의 질문은 아이가 보고 있는 것에 머무르지 않고, 한 단계 더 생각해 보도록 돕는 역할을 합니다.

"이건 어떤 모양일까?"라는 질문은 관찰을 이끌고, "아까 것과 뭐가 다를까?"라는 질문은 비교를 시작하게 합니다.

"왜 이렇게 될까?"라는 질문은 원인을 생각하게 만들고, "다르게 해 보면 어떨까?"라는 질문은 새로운 시도를 가능하게 합니다.

이 질문들은 정답을 확인하기 위한 것이 아니라, 아이가 자신의 생각을 정리하고 확장하도록 돕기 위한 것이지요. 이러한 흐름은, 정답을 빠르게 계산하는 능력이 아니라 어떤 문제를 먼저 붙잡을 것인가를 묻는 사고력을 길러 줍니다.

가베 수업에서 질문력은 이렇게 자란다

실제로 수업 중 다음과 같은 단계를 따라 질문을 확장할 수 있습니다. 이 단계는 아이들이 사고의 깊이를 자연스럽게 넓혀갈 수 있도록 도와줍니다.

1. 관찰 질문 (주의력과 인식의 시작)

"이건 어떤 모양일까?"
"이 모양은 뭐 같아?"
"이 도형을 어떻게 잘라야 이런 모양이 될까?"
실제 상황: 아이가 블록을 처음 꺼낼 때, 집중하도록 이끄는 질문입니다.

2. 비교 질문 (차이점과 공통점 인식)

"이전 모양이랑 뭐가 같고 뭐가 다를까?"
"이 블록은 손에 잡히는 느낌이 뭐가 다를까?"
"이 블록으로 쌓으니까 아까랑 높이가 다르네. 왜 그럴까?"
실제 상황: 비교는 비판적 사고의 시작입니다.
같은 점과 다른 점을 살피면서 자연스럽게 이유를 스스로 찾아보게 하지요.

3. 분석 질문 (원리 탐색과 구조 이해)

"왜 이 정육면체는 잘 세워지는 걸까?"
"원기둥은 왜 잘 굴러갈까?"

"이 모양이 무너지지 않게 하려면 뭘 바꿔야 할까?"

실제 상황: 쌓기나 연결 활동 중 무너졌을 때, 실패의 이유를 분석하며 배우게 할 수 있습니다.

4. 가설 질문 (탐색과 상상 확장)

"만약 이 블록을 빼면 어떻게 될까?"

"다르게 쌓으면 더 튼튼해질까?"

"이거 말고 다른 블록으로 해 보면 안 떨어질까?"

실제 상황: 아이가 새로운 시도를 하기 전, 다양한 방향으로 상상하도록 유도할 수 있어요.

5. 성찰 질문 (자기 생각 정리와 메타인지 강화)

"어떻게 그 생각을 떠올렸어?"

"뭐가 잘 됐고, 뭐가 어려웠어?"

"다시 해 본다면 어떻게 바꾸고 싶어?"

"이번엔 지난번이랑 뭐가 다른 걸까?"

실제 상황: 활동 후 아이와 대화하며 '경험을 정리하고 표현'하게 할 수 있어요.

이렇게 '관찰–비교–분석–가설–성찰'의 질문을 오가는 경험이 쌓이면, 아이는 정답을 맞히는 학생이 아니라, 스스로 물음을 세우는 작은 연구자로 자라납니다.

질문이 세상을 바꾼다

앞 절에서 중학생 수현이는 이렇게 질문합니다.

"왜 5개밖에 안 될까?"

교과서 어디에도 적혀 있지 않은 물음이었지요.

다른 아이는 3가베의 정육면체와 4가베의 직육면체를 이리저리 돌려 보다가 이렇게 말했어요.

"다른 모양으로도 만들 수 있어요?"

이 한마디는 정다면체의 조건과 수학적 원리를 함께 탐구해 보는 출발선이 됩니다.

이 짧은 한 줄의 물음이, 아이를 설명에만 따르는 학생이 아니라 문제를 먼저 발견하는 사람의 자리로 이끕니다.

Section 3
한눈에 정리

- **직관은 '타고나는 재능'이 아니라, 몸으로 겪은 경험으로 생긴다.**

  뜨거운 냄비, 자전거 타기, 가베 블록을 쌓고 자르는 경험이 하나씩 몸에 저장될 때, 아이는 나중에 '왠지 이럴 것 같아.' 하고 방향을 읽어 내는 직관을 갖게 됩니다.

- **AI가 못하는 영역은 '문제를 발견하고 의미를 묻는 힘'이다.**

  정다면체가 왜 5개뿐인지, 우주에 행성이 왜 이렇게 많은지처럼 교과서에 없는 질문을 던지고 스스로 의미를 짓는 과정이 앞으로도 인간 고유의 경쟁력으로 남습니다.

- **질문력은 인간 고유의 경쟁력이다.**

  질문력은 경험과 연결될 때 깊어집니다. '왜 직육면체예요?', '무 자르던 거랑 비슷해요.'처럼 손으로 했던 활동과 지금 눈앞의 문제를 연결해 묻는 과정에서, 질문은 추측이 아니라 생각의 도구가 됩니다.

- **아이의 질문은 단순한 호기심을 넘어 '사고의 구조'를 만든다.**

  가베 수업은 아이를 문제 '해결사'가 아니라 '발견자'로 키우는 장입니다. "이건 어떤 모양일까?", "왜 무너졌을까?" 같은 작은 질문에서 시작해 관찰 → 비교 → 분석 → 가설 → 성찰로 이어질수록 아이는 정답을 맞히는 아이가 아니라, 질문을 통해 세상을 여는 아이로 자랍니다.

생각을 여는 질문 가이드

❶ 손으로 만지고 쌓을 때

지금 만들면서 제일 느낌이 오는 부분이 어디야? 왜 그렇게 느껴져?

이번에는 네가 생각하기에 '제일 중요한 한 블록'부터 놓아볼래?

❷ 무너짐 · 실패 앞에서 – 회복탄력성과 '왜'를 깨우고 싶을 때

어디 때문에 무너진 것 같아? 네 생각은 어때?

다시 해 본다면 뭐 하나만 바꿔 보고 싶어? 색이든, 모양이든, 놓는 순서든.

❸ 질문력을 키우고 싶을 때

이거, 우리가 전에 했던 놀이(자르기/접기)랑 뭐가 비슷한 것 같아?

지금 이걸 보면서 '왜 그럴까?' 싶은 거 한 가지만 골라본다면 뭐야?

❹ '문제 발견자'로 마무리하고 싶을 때

교과서에는 없지만, 네가 진짜 궁금한 질문 1개만 써 보자면 뭐야?

오늘 가베 하면서 새로 생긴 생각이나 질문 중에, 내일 또 이어서 생각해 보고 싶은 건 뭐야?

PART 2

감각과 몸으로 키우는 예술적 사고

가베가 길러낸 창의 감각

'PART 1' 에서 손의 경험이 사고의 기반을 만드는 과정을 확인했다면, 'PART 2'에서는 그 기반이 실제 삶에서 어떻게 창의성으로 이어지는지 들여다봅니다. 역사 속 인물들과 아이들의 사례를 통해 '손으로 놀던 시간'이 어떤 직관과 상상력을 키우는지 보여 줄 것입니다. 가베가 일상 속의 감각을 어떻게 예술적 사고로 확장시키는지 자연스럽게 따라가 봅시다.

Section 1

감각이 낳은 예술, 예술이 키운 사고력

Section 2

예술가의 손에서 발견한 사고의 방식

Section 3

반복하는 손, 달라지는 뇌: 작업가베의 몰입과 조절력

SECTION 1

감각이 낳은 예술,
예술이 키운 사고력

1

창의성의 재료가 되는 경험

그림 14

그림 15

그림 16

7세 서진이는 가베를 꺼내자마자 자리에 앉아 만들기를 시작했습니다. 처음에는 몇 개의 블록이 흩어진 것처럼 보였지요. 그런데 시간이 지나자 모양이 점점 또렷해졌습니다. 공룡 같기도 하고, 로봇 같기도 한 구조가 서서히 모습을 드러냈습니다.

"서진아, 이게 뭐니?"

"공룡 로봇이에요. 티라노사우루스인데, 로봇으로 변신할 수 있어요."

아이의 말은 짧지만 그 안에 이미 하나의 이야기 세계가 들어 있습니다. 공룡의 묵직한 몸체 위에 로봇의 팔처럼 보이는 구조가 달리고, 꼬리는 기계 장치처럼 길게 뻗어 있지요. 어른 눈에는 '여러 가지를 섞어 놓은 것'처럼 보일 수 있지만, 서진이 마음속에서는 이미 한 편의 장면이 완성된 상태였습니다.

서진이는 어떻게 이런 아이디어를 떠올렸을까요. 답은 멀리 있지 않습니다. 지난주에 읽었던 공룡 책의 티라노사우루스 장면, TV에서 보았던 변신 로봇 애니메이션, 친구와 나눴던 이야기들이 서진이 머릿속에서 자연스럽게 만난 것입니다. 아이는 자신이 가진 경험의 조각을 꺼내 새로운 방식으로 엮었습니다. 이것이 창의성이 만들어지는 자리입니다.

그래서 창의성은 무(無)에서 유(有)를 만들어 내는 신비한 능력이 아닙니다. 이미 보고, 듣고, 만지고, 느낀 것들을 낯선 방식으로 묶어 보는 힘에 더 가깝습니다. 경험이 풍부할수록 창의성이 자란다고들 하지만, 여기서 말하는 경험은 학습지의 양이나 지식의 개수가 아닙니다. 손과 눈, 마음을 함께 쓰며 겪어 본 장면들의 결입니다. 이 '결'이 다양할수록 아이는 더 많은 방식으로 생각을 조합할 수 있습니다.

아이에게 경험은 일종의 '재료 창고'와 같습니다. 가베를 만지면서, 아이는 그 재료를 꺼내 조립하기 시작해요. 어떤 날은 공룡이 되고, 어떤 날은 로봇이 됩니다. 그래서 아이가 "그냥 떠올랐어요."라고 말할 때, 그 '그냥'은 우연이 아니라 이미 안에 쌓여 있던 경험들이 단번에 이어진 결과입니다.

서진이의 '공룡 로봇'에는 아래 그림처럼 각각의 경험이 보이지 않게 겹쳐져 있습니다.

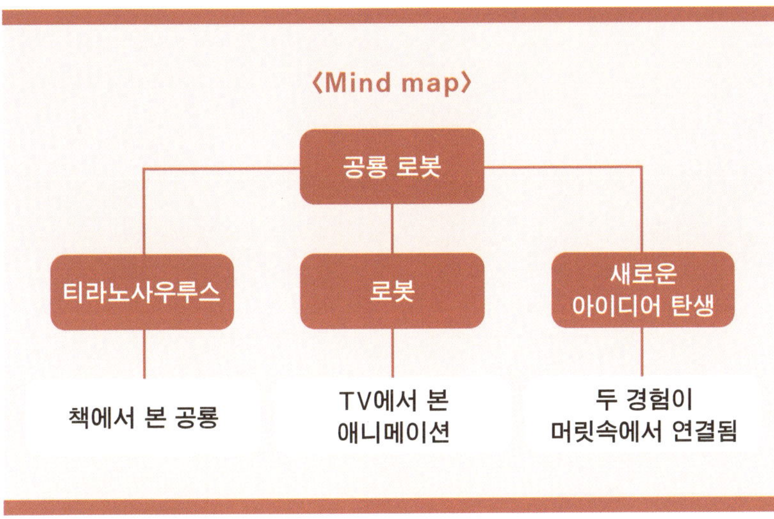

경험은 이렇게 연결되어 창의성이 된다

이렇게 아이의 작품을 따라가다 보면, 어른의 기준으로는 놓치기 쉬운 중요한 지점이 보이기 시작합니다.

부모님께 꼭 전하고 싶은 점이 있습니다. 가장 중요한 것은 결과물이 얼마나 멋져 보이느냐가 아니라, 그 과정에서 아이 안의 경험이 실제로 움직였는가 하는 점입니다. 공룡 로봇이 어른 기준에서 볼 때 조금 투박해 보여도 괜찮아요. 서진이는 이때 자신이 가진 기억을 꺼내 연결했고, 손끝으로 자기만의 이야기를 세상에 내놓은 것입니다.

이런 연결의 경험이 쌓일수록 아이는 더 멀리 상상하고, 더 깊게 창조할 수 있게 됩니다. 가베는 그 재료 창고를 풍성하게 채워 주고, 아이가 그 재료를 스스로 꺼내 조합해 보는 연습의 도구입니다.

2

창의성의 첫걸음은 모방

따라 하는 시간은 손이 생각을 배우는 시간입니다

수업 상담을 하다 보면 "우리 아이는 친구가 만든 것만 따라 해요."라는 말을 정말 자주 듣습니다. 그 마음이 충분히 이해됩니다. 부모님 입장에선 아이가 뭔가를 '자기 것'으로 만들어 내기를 바라는 게 자연스럽지요. 그런데 여기서 저는 조심스럽게 되묻고 싶습니다. 따라 한다는 것이 정말 염려할 일일까요? 현장에서는 오히려 그 반대인 경우가 더 많습니다. 모방은 창의성이 시작되는 지점에서 아이가 가장 자연스럽게 거치는 단계입니다.

아이들은 처음부터 자기만의 것을 만들지는 못해요. 먼저 '저건 어떻게 만든 걸까?' 하고 유심히 바라보고, 손으로 따라 해 보면서 구조의 원리와 감각을 몸에 저장합니다. 이 과정은 단순한 베끼기가 아니라 배우는 방식입니다. 어른도 처음 요리를 배울 때 레시피를 그대로 따라 하며 손이 익고, 그림을 시작할 때 좋아하는 작가의 구도를 흉내 내며 눈이 열립니다.

그렇게 손이 익고, 눈이 열린 다음에야 비로소 자기 스타일이 태어납니다. 아이의 모방도 정확히 그 과정 안에 있습니다.

가베 수업에서도 같은 흐름이 반복됩니다. 5세 아이가 친구가 만든 집을 똑같이 따라 만들고 있을 때, 부모님은 조급해지기 쉽습니다. "너만의 걸 만들어 봐."라고 재촉하고 싶어지지요. 하지만 아이는 바로 그때 창의성의 뿌리를 만들고 있습니다. 집이 안정적으로 서기 위한 밑바닥의 넓이, 블록이 맞물릴 때 생기는 균형, 위로 올라갈수록 구조가 달라져야 한다는 감각을 손으로 배우는 시간입니다. 겉으로는 '비슷한 집'처럼 보여도, 아이 안에서는 공간의 법칙이 자라고 있습니다.

부모가 넓혀 주는 형태의 경험

그렇다고 해서 아이가 늘 같은 형태에 머무르도록 두어야 한다는 뜻은 아닙니다. 다만 그 과정을 여는 방식이 재촉이 아니라 경험의 확장이면 좋겠습니다. 아이가 높은 집만 반복해서 만든다면, 부모님이 옆에서 삼각형 지붕이 있는 집이나 가운데가 뚫린 구조같이, 조금 낯선 모양을 덤덤히 만들어 보여 주면 됩니다. "이번엔 좀 다르게 해 봐."라고 요구하지 않아도 괜찮아요. 핵심은 아이의 눈이 새로운 형태를 한 번이라도 만나게 하는 것입니다.

아이들은 보면서도 배웁니다. 당장 손으로 따라 하지 않아도, 눈으로 본 형태는 머릿속에 남습니다. 새로운 단어를 들었을 때 바로 말하지 못해도 어딘가에 저장되듯, 새로운 구조도 그렇게 저장되지요. 아이가 한동안 가

만히 보다가 며칠 뒤, 혹은 몇 주 뒤에 비슷한 구조를 자기 방식으로 꺼내 만드는 일이 자주 일어나는 이유가 여기에 있습니다. '아, 그때 그걸 봐서 그랬구나.' 하고 무릎을 치게 됩니다.

함께 만들기가 모방을 창작으로 바꾸는 시간

이 흐름을 가장 자연스럽게 살리는 방법은 '함께 만들기'입니다. 아이 옆에 앉아 가베로 무언가를 만들고 있으면, 아이는 슬쩍 보다가 자기도 시도해 봅니다. 이때 아이 안에서는 두 가지 방식의 모방이 동시에 일어납니다.

첫 번째, 손으로 직접 따라 해 보는 모방
두 번째, 눈으로 보고 흡수하는 모방입니다.

두 번째 모방은 특히 중요합니다. 아이가 지금 당장 따라 만들지 않더라도, 뇌는 그 장면을 보며 '내가 해 본 것처럼' 내부에서 미리 연습하려는 경향이 있습니다. 관찰이 곧 경험의 씨앗이 되는 셈입니다. 그래서 저는 모방을 창의성의 반대편에 두지 않습니다.

모방의 반복 속에서 손은 익고 눈은 넓어집니다. 그리고 준비가 끝나는 어느 날, 아이는 말할 겁니다.

"이번엔 좀 다르게 해 볼래요."

그 한마디가 바로, 모방이 창작으로 변모하는 출발점입니다.

3

경험을 '손끝의 이야기'로 바꾸는 가베

상상이 손끝에서 바로 형태가 될 때

그림 17 집중하는 서윤이

그림 18 티니핑 성

6세 서윤이는 어느 날 수업을 시작하자마자 티니핑 집을 만들고 싶어 했습니다.

티니핑 집은 어떻게 생겼는지 물었지만 말로는 완벽히 설명하기 어려웠습니다. 그러나 가베를 손에 쥐자 상황은 달라졌습니다.

서윤이는 망설임 없이 블록을 쌓기 시작했고, 5분쯤 지나자 4층으로 이루어진 작은 성이 눈앞에 세워졌습니다. 쌓으면서도 서윤이는 각 층에 어떤 티니핑이 사는지, 보이지 않는 비밀 계단이 어디에 있는지 또박또박 설명했어요.

말로는 막막하던 상상이 손을 만나자 구체적인 공간과 구조를 얻은 것입니다. 아이에게 손은 생각이 지나가는 통로입니다. 머릿속에서 어렴풋하던 장면이 손끝에서 먼저 확인되고, 그 확인이 다시 말을 데려옵니다. 아직 글과 그림으로는 다 담기지 않는 세계가 손끝에서 먼저 모습을 갖추지요. 이때 가베는 아이 안에 있던 이야기를 밖으로 옮겨 주는 또 하나의 언어가 됩니다. 입으로 말하기 전에, 공간을 통해 말하는 '공간 문해력'이 먼저 작동하는 셈입니다.

목표가 바뀌는 순간, 창의성이 열린다

가베의 또 다른 힘은 정해진 답이 없다는 데 있습니다.

같은 교구를 써도 결과가 다를 수 있고, 만들다가 방향이 바뀌어도 괜찮습니다. 오히려 그 변화가 창의성의 연료니까요.

7세 지환이는 어느 날 자동차를 만들겠다며 쌓기를 시작했습니다.

처음에는 4개의 바퀴와 긴 차체가 분명한 자동차 모양이었습니다. 그러다 문득 바퀴로 쓰던 도형 하나를 위로 올려 세워 보았습니다.

지환이는 잠시 모양을 바라보더니, 이제는 이 부분이 '또봇 W'의 날개 같다고 설명했습니다.

자동차로 출발한 구조가 자신이 좋아하는 로봇의 이미지와 만나면서, 손끝에서 전혀 다른 이야기가 열립니다.

어른 눈에는 '목표가 바뀌었다', '집중력이 짧다'처럼 보일 수 있습니다. 그러나 아이의 뇌 안에서는 이미 만들어 둔 구조와 새로운 이미지가 만나는 '새로운 연결'이 일어난 것입니다.

가베 놀이는 이 연결을 틀렸다고 막지 않고, 끝까지 가 보도록 허용해 줍니다. 처음 계획을 지키는 것보다, 만들면서 떠오르는 생각을 따라가 보는 경험이 아이에게는 더 중요한 연습이 되니까요.

실패가 안전할 때, 상상은 더 멀리 간다

가베 교실에서 아이가 가장 많이 배우는 때는, 의외로 '잘 됐을 때'가 아니라 '무너졌을 때'입니다. 실패가 안전한 경험일수록 아이의 상상은 위축되기보다 오히려 멀리 뻗어 나갑니다.

8세 준혁이는 6가베로 높은 빌딩을 쌓고 있었습니다.

위로 갈수록 좁아지는 구조였는데, 마지막 한 블록을 올리는 순간 빌딩이 와르르 무너졌습니다. 준혁이는 한동안 말이 없었고, 표정에는 아쉬움과 속상함이 함께 비쳤지요.

이때 저는 먼저 "안타깝다."며 마음을 함께 공감해 주고, 다시 만들 수 있게 질문을 건넵니다. 그리고 곧바로 해결법을 말해 주기보다 "어디가 제일 흔들거렸던 것 같아?", "바닥이 조금 좁았을까?", "위가 너무 무거웠을까?"처럼 원인을 스스로 떠올릴 수 있는 질문을 던졌습니다.

준혁이는 자신의 과정을 떠올려 보더니, 위가 많이 흔들거렸다고 말했고, 이번에는 무게중심이 벗어난 블록의 위치를 바꿔 보겠다고 스스로 제안했어요. 준혁이는 단순히 빌딩을 다시 세운 것이 아니라, '무게 중심과 균형의 원리'를 경험으로 발견한 것입니다.

실패를 좌절로 생각하지 않고 다시 해 볼 수 있는 시간, 이유를 함께 찾아 주는 질문, 감정을 안전하게 표현할 수 있는 분위기가 있을 때 아이의 시도는 줄어들지 않습니다. 오히려 '이번에는 이렇게 해 볼까?' 하고 처음 목적을 완수해 갑니다.

가베 시간에는 이런 장면이 매일 펼쳐집니다. 티니핑 성을 짓고, 자동차가 로봇이 되고, 무너진 빌딩 앞에서 다시 블록을 집어 드는 동안—손끝의 블록은 선명한 형태와 이야기로 변합니다. 이것이 가베가 단순한 나무 블록으로 남지 않는 이유입니다.

4

디지털 시대, 다시 손의 경험으로

완성된 자극이 먼저 오는 세계

가베 수업 현장에서 저는 요즘 낯익은 장면을 더 자주 만납니다. 5세나 6세 초반 아이들은 "만들어보자."는 말이 떨어지기 무섭게 손이 먼저 움직입니다. 무엇을 만들지 완벽히 정하지 않아도 일단 블록을 만지며 길을 찾아가지요. 그런데 6세 후반을 지나 초등 연령대로 올라가면, 예상과 다른 반응이 나타나곤 합니다.

"어려워요.", "뭘 만들어야 할지 모르겠어요." 하고 멈춰 서는 아이들이 눈에 띄게 늘어납니다. 이는 상상력이 사라져서라기보다, 아이들이 일방향으로 흘러가는 영상에 익숙해졌기 때문이에요.

영상과 게임은 매끈하게 만들어진 답을 빠른 속도로 제공합니다. 화면은 쉬지 않고 바뀌고, 자극은 끊임없이 이어집니다. 아이들은 그 안에서 잠깐의 즐거움과 강한 몰입을 얻지만, 스스로 장면을 떠올려 빈칸을 채우는 경험은 줄어들기 쉽습니다. 실제로 빠른 화면 전환이 특징인 영상을 본 아이들이 실행 기능 과제에서 더 낮은 수행을 보였다는 연구도 있습니다.

자극 그 자체가 문제라기보다, 이렇게 끊임없이 이어지는 자극 구조가 아이의 주의 조절과 자기 통제 회로를 쉽게 피로하게 만들 수 있다는 시사점이지요. 그래서 어떤 아이들은 단 3~4분 만에 "지루해요."를 말하고, 새로운 자극을 찾아 손이 아니라 눈을 먼저 돌립니다. 생각을 오래 붙들고 버티는 시간이 점점 짧아지는 것입니다.

이런 환경에서 아이들은 종종 "어떻게 하는지 알려 주세요."라는 말부터 꺼냅니다. 해답이 먼저 제시되는 환경에 익숙해질수록, 스스로 시작하고 실패하고 다시 고쳐 보는 느린 과정이 낯설어지는 것이지요. 이런 반응들을 지켜보며, 저는 디지털 시대의 핵심 문제를 '시간의 결핍'으로 보게 되었습니다. 정보는 넘치는데, 자신의 경험으로 내면화하고 몸으로 체화하는 과정이 비어 버리는 상황이라고 할 수 있지요.

느린 손이 다시 여는 상상력

손으로 하는 놀이는 속도가 느립니다. 처음에는 답답해 보일 수도 있어요. 하지만 그 느림이야말로 아이의 생각이 자라나는 시간이라는 것을 이제 모두 알 것입니다. 손은 생각을 밖으로 꺼내는 또 다른 언어입니다. 아이가 블록을 쥐고 일단 쌓기 시작하면, 머릿속 장면은 형태로 번역되기 시작합니다.

한 아이가 매번 낮은 구조물만 만들다가 어느 날 갑자기 위로 쌓으며 "우리 아파트예요."라고 말할 때가 있었습니다. 그 한 번의 변형은 수십 번의 반복 경험이 쌓여 생긴 "이번에는 이렇게 해 볼까?" 하는 용기의 결과입니다. 이 반복 과정은 감정 조절에도 도움이 됩니다. 손이 규칙적으로 움직이는 과정은, 마치 명상처럼 마음을 차분하게 가라앉히는 역할을 하지요. 가베가 오늘날 더 필요한 이유도 여기에 있습니다.

가베는 디지털 환경에서 약해지기 쉬운 '상상 → 시도 → 실패 → 재구성'의 회로를 다시 살려 줍니다. 아이는 완성된 이미지를 따라가는 대신, 손끝에서 스스로 이미지를 만들어 내며 자기 속도로 세계를 확장합니다. 이 활동은 전전두엽의 조절 능력과 감각 통합 회로가 함께 단단해지는 교육입니다. 손의 경험은 단지 재미가 아니라, 뇌가 창의적으로 작동하는 조건을 되살리는 기초 체력이라고 할 수 있습니다.

가베는 더 이상 단순한 아날로그 놀이가 아닙니다.

디지털 시대에 오히려 더 선명해진 상상력 회복의 통로이자, 아이가 자신의 경험을 꺼내 연결하고 이야기로 엮어 내는 손의 교육입니다.

그래서 이 시대일수록 아이가 다시 손으로 시작할 수 있는 시간을 의도적으로 마련해 줄 필요가 있습니다.

Section 1
한눈에 정리

- **창의성은 '경험 조합'이다.**

  아이가 만드는 공룡 로봇, 티니핑 집은 갑자기 생긴 아이디어가 아니라 책 · 영상 · 대화에서 본 장면들이 머릿속에서 다시 만난 결과입니다. 많이 외우는 것보다, 몸과 마음으로 겪는 다양한 경험이 더 중요합니다.

- **모방은 창의성의 첫걸음이다.**

  친구 작품을 그대로 따라 만드는 시간은 구조 · 균형 · 패턴을 손이 배우는 연습 시간입니다. '또 똑같이 했네.'라고 걱정하기보다, 충분히 따라 한 뒤 "이제 한 군데만 네 방식으로 바꿔 볼까?" 정도만 열어 주면 됩니다.

- **가베는 경험을 '손끝의 이야기'로 바꾸는 도구다.**

  말로 설명하기 어려운 상상이 가베를 만나면 집, 성, 로봇, 우주 같은 형태로 먼저 만들어집니다. 아이는 '내가 본 것 · 느낀 것 · 좋아하는 것'을 블록으로 꺼내어 자기만의 이야기로 다시 엮어 갑니다.

- **디지털 시대일수록 '손의 시간'이 아이를 지킨다.**

  화면은 완성된 장면을 빠르게 보여 주고, 가베는 상상 → 시도 → 실패 → 다시 만들기까지의 느린 과정을 열어 줍니다. 이 느린 손의 시간이 주의력, 감정 조절, 문제 해결력, 그리고 '상상력 회복'의 통로입니다.

생각을 여는 질문 가이드

❶ 경험을 끌어내고 싶을 때

이거 만들 때, 전에 봤던 책이나 만화 중에 뭐가 떠올라?

이 모양을 보기 전에, 비슷한 걸 어디에서 본 적 있어?

❷ 모방 놀이를 살짝 확장하고 싶을 때

친구(또는 그림) 작품에서 제일 마음에 드는 부분은 어디야?

똑같지만 하나만 다르게 한다면 어디를 바꿔 볼까?

❸ 디지털 경험을 손 놀이로 옮기고 싶을 때

오늘 본 영상이나 게임 장면 중에서, 가베로 만들어 보고 싶은 장면 하나만 골라볼까?

지금 만든 걸 내일 다시 만든다면, 꼭 똑같이 남겨두고 싶은 부분이 있을까?

SECTION 2

예술가의
손에서 발견한
사고의 방식

1

가베가 만든 '공간의 눈'

프랭크 로이드 라이트

"이게 정말 효과가 있나요?"라는 질문에는 늘 비슷한 의심이 들어 있습니다. '지금 아이가 쌓는 이 작은 블록이 정말 미래의 능력으로 이어질까?' 하는 의심이지요.

150여 년 전, 미국 위스콘신의 한 농가에도 비슷하게 보이는 나무 블록을 매일 만지던 소년이 있었습니다. 그 아이가 훗날 '현대 건축의 아버지'라 불리게 되는 프랭크 로이드 라이트입니다.

라이트의 어머니 애나 로이드 존스는 1876년 필라델피아 센테니얼 박람회에서 프뢰벨 교육과 가베를 접한 뒤, '아이의 손에서 생각이 자란다'는 철학에 깊이 공감했다고 전해집니다. 애나는 아들이 글과 지식만으로 세상을 배우는 사람이 아니라, 눈과 손으로 공간을 읽고 새롭게 구성하는 사람으로 자라기를 바랐습니다. 그래서 집으로 가베를 들여와 날마다 놀이처럼 경험하게 했지요.

어린 라이트는 단풍나무로 만든 정육면체와 직육면체를 돌려 보고, 맞물려 보고, 비워 보고, 다시 채우는 일을 반복했습니다. 블록은 그에게 '장난감'이면서 동시에 '세상의 질서를 손끝으로 배우는 교과서'였습니다. 성인이 된 뒤 라이트는 자신의 유년기를 회상하며 이렇게 적었습니다.

"그 매끈한 단풍나무 블록의 감촉은 아직도 손끝에 남아 있다. 나는 그 안에서 이미 공간의 중심을 배웠다."

그림 19 6가베 건축물

그림 20 로비 하우스

이 짧은 고백은 가베가 남긴 흔적이 얼마나 깊었는지를 잘 보여줍니다. 아이가 쌓고 무너뜨리는 동안, 아이 안에는 모서리의 각도, 무게의 분포, 빈 공간이 만들어 내는 균형에 대한 감각이 자연스럽게 축적됩니다. 라이트에게 그 감각은 '형태가 공간을 만든다'는 확신으로 자리 잡았습니다.

손끝에서 자란 수평의 미학

이 손의 기억은 라이트의 건축 전반에 걸쳐 일관된 미학으로 드러납니다. 라이트의 건축은 언제나 '중심'과 '흐름'을 함께 생각합니다. 로비 하우스를 보면 거대한 벽난로가 집의 심장처럼 가운데 놓이고, 방들이 그 주위를 따라 수평으로 길게 뻗어 나갑니다. 중앙의 빈 자리를 둘러싸고 블록이 확장되는 가베 조합을 떠올리게 하는 구조입니다.

'집은 방들의 모음이 아니라 하나의 살아 있는 공간'이라는 라이트의 철학도, 어린 시절 가베를 통해 중심과 주변의 관계를 손으로 경험한 데서 비롯되었다는 해석이 많습니다.

그가 펼쳐 간 '프레리(초원) 스타일'에도 이 감각이 그대로 녹아 있습니다. 낮고 길게 뻗는 수평선, 직선과 직각이 만드는 단단한 리듬, 그 사이에 생기는 여백의 미는 모두 블록을 차곡차곡 놓으며 '어디까지 뻗으면 안정적인가, 어떤 비율에서 가장 아름다운가'를 몸으로 익힌 경험이 확장된 결과로 볼 수 있습니다.

라이트는 설계할 때마다 작은 모형을 만들어 손으로 돌려 보고, 빛이 들어오는 방향과 사람의 동선을 확인한 뒤에야 도면을 확정했습니다. 종이 위의 선만으로 결정하지 않고, 실제 형태를 손으로 만지며 생각을 정리한 것이지요. 이 '모형으로 생각하기' 역시 가베 놀이의 연장선이라고 볼 수 있습니다.

낙수대(팰링워터)에서도 같은 감각이 선명합니다. 물 위로 길게 뻗는 수평선, 층층이 겹치는 직선의 리듬은 자연을 덮어 버리는 대신, 자연 위에

살포시 '놓이는' 방식으로 설계돼 있습니다. 라이트는 어릴 적 들판에서 막대기를 눕혀 선과 면을 만들며 놀던 경험, 그리고 가베 블록 놀이를 자신만의 공간 사고와 연결해 여러 차례 언급했습니다. 어린 시절의 블록과 막대는 그에게 단순한 장난감이 아니라, 기하학과 자연을 동시에 읽어 내는 눈이었던 것입니다.

조용한 반복이 키우는 창의성

이 이야기가 주는 메시지는 분명합니다. 아이가 같은 구조를 여러 번 만든다고 해도, 그 시간은 결코 '헛된 모방'이 아니라는 것입니다. 반복 속에서 아이는 무너짐과 균형, 중심과 확장, 부분과 전체의 법칙을 손으로 저장합니다. 그 감각은 훗날 전혀 다른 재료와 문제를 만났을 때도, 스스로 길을 내는 바탕이 됩니다.

물론 프뢰벨 가베를 경험했다고 해서 모든 아이가 라이트 같은 거장이 되는 것은 아닙니다. 다만 분명한 사실은, 조용한 몰입과 반복의 시간이 있을 때 아이의 내면에는 공간을 읽는 눈, 비례와 균형을 가늠하는 감각이 조금씩 자라난다는 점입니다. 아이가 당장 '새로운 것'을 만들어 내지 못해도 괜찮습니다. 손이 익고 눈이 넓어지는 시간의 축적이 어느 날 작은 변형을 낳고, 그 변형이 창작으로 이어집니다.

2

가베가 길러낸 '형태와 빛의 문장'

르 코르뷔지에

'기하학적 상상'과 모듈의 감각

프랭크 로이드 라이트만이 아닙니다. 비슷한 질문은 또 다른 거장 앞에서도 떠오릅니다. 20세기 건축의 또 다른 거장 르 코르뷔지에 역시 프뢰벨 교육의 영향이 퍼져 있던 환경 속에서 성장한 인물입니다.

스위스 라쇼드퐁의 작은 마을, 시계공의 아들로 태어난 샤를-에두아르 잔느레(훗날 르 코르뷔지에)는 정육면체와 직육면체, 평면 조각 같은 프뢰벨 가베를 손으로 만지며 점 · 선 · 면 · 입체의 관계를 익히도록 설계된 교실에서 자랐지요. 그가 훗날 이렇게 말한 것은 우연이 아닐지도 모릅니다.

"건축은 빛 아래 모인 볼륨들의 능숙하고 정확하며 장엄한 유희다."

세상을 '형태와 구조'로 읽는 눈. 어쩌면 그 눈은 프뢰벨 교실에서 처음

열렸는지도 모릅니다. 물론 그가 유년기 가베 놀이를 자세히 회고한 기록은 많지 않습니다. 하지만 평생 기하학과 비례에 집요하게 매달렸다는 사실을 함께 놓고 보면 둘 사이의 연결고리는 충분히 짐작할 수 있습니다.

그림 21 6가베 건축물

그림 22 빌라 사보아

눈과 손이 함께 배우는 시간이 남긴 것

10대 초반에 들어간 라쇼드퐁 미술학교에서 그는 스승 샤를 르플라트니에를 만납니다. 르플라트니에는 자연 속에서 구조와 비례를 관찰하는 법을 가르쳤습니다. 프뢰벨이 자연의 질서를 '형태 놀이'로 번역해 보여 주었다면, 르플라트니에는 그 감각을 예술과 건축의 언어로 확장해 주었습니다. 유년기의 손과 청년기의 눈이, 이 지점에서 겹쳐집니다.

청년이 된 르 코르뷔지에는 유럽과 지중해를 여행하며 건축을 스케치했습니다. 특히 파르테논 신전 앞에서 오래 머물렀습니다. 그는 훗날 이렇게 회상합니다.

'본질적인 순간은 1911년 아테네에서 찾아왔다. 결정적인 빛. 결정적인

볼륨, 아크로폴리스.'

어린 시절 프뢰벨 가베와 도형을 돌려 보며 익힌 기하학 감각이, 20대 청년의 스케치북 위에서 다시 정리되는 순간이었는지도 모릅니다.

작품 속에 되살아난 형태 감각

이 감각은 그의 건축에 고스란히 남아 있습니다. 빌라 사보아를 보세요. 원기둥, 직육면체, 수평선과 수직선이 명료하게 결합되어 있습니다. 기본 도형들이 한 문장을 이루듯 공간을 만들어 냅니다.

마치 블록을 옮겨 놓으며 문장을 고쳐 쓰는 것처럼 말이지요. 그는 집을 기능 단위로 나누고 다시 조합하는 방식을 즐겨 썼는데, 작은 조각을 엮어 전체 구조를 만드는 가베 놀이와 닮아 있습니다.

마르세유의 유니테 다비타시옹에서는 이러한 사고가 더 분명히 드러납니다. 거대한 건물 전체가 작은 생활 단위들의 반복으로 이루어져 있습니다. 각 세대가 하나의 박스이면서도 전체 리듬 안에 자리 잡고 있지요. 부분이 모여 전체를 만드는 질서—어린 시절 작은 블록으로 연습했던 것과 닮았습니다.

그는 이 감각을 '모듈러'라는 이론으로 정리했습니다. 인간 신체의 비례를 기준 삼아 공간의 크기와 높이, 리듬을 설계하는 체계입니다. 유년기에 손으로 익힌 '형태와 비례의 직관'을 성인의 언어로 체계화한 결과라고 볼 수 있어요.

르 코르뷔지에는 도면만으로 작업하지 않았습니다. 스케치와 도면뿐 아니라 모형도 자주 만들어, 손으로 돌려 보며 공간을 검토하곤 했습니다. 머릿속 생각을 손으로 만질 수 있는 형태로 꺼내 확인하는 방식, 가베 놀이를 떠올리게 하는 사고방식입니다.

라이트가 그랬듯, 르 코르뷔지에 역시 어린 시절 손에 쥐었던 작은 블록의 감각을 잊지 않았던 것 같습니다. 그리고 그 감각은 사라지지 않았습니다. 블록은 건축으로, 놀이의 기억은 하나의 언어로 되살아났습니다.

오늘 아이가 가베 조각을 이리저리 돌려 봅니다.
쌓고, 무너뜨리고, 다시 쌓습니다.
그 시간은 사라지지 않습니다.
아이가 아직 알지 못하는 언어로, 천천히 축적되고 있을 뿐입니다.

3

가베가 이어준 '현대 디자인'

바우하우스

바우하우스는 1919년 독일 바이마르에서 시작된 예술 · 디자인 학교입니다. 1933년 나치 정권의 압력 속에 폐교될 때까지 활동 기간은 길지 않았지만, 그 짧은 시간 안에 바우하우스는, 형태는 기본으로 돌아갈수록 더 분명해진다는 디자인의 기본 원리를 또렷하게 정리해 냈습니다. 바우하우스의 기초 수업은 장식 기법을 먼저 가르치지 않았습니다. 오히려 점 · 선 · 면 · 입체, 기본 도형, 제한된 색, 그리고 나무 · 금속 · 유리 · 직물 같은 재료의 성질을 손으로 탐색하며 '형태가 어떻게 서고, 왜 그렇게 보이며, 무엇과 만나면 달라지는가'를 체험하게 했지요. 그래서 바우하우스는 그림을 잘 그리는 법을 익히는 학교라기보다, 손으로 생각을 조립하는 법을 익히는 실험실에 가까웠습니다.

여기서 프뢰벨과의 연결을 한 번만 정확히 짚고 넘어가겠습니다. 바우하우스 교사 · 작가들 가운데 일부는 어린 시절 프뢰벨식 유치원(가베 포함)을 직접 경험했고, 일부는 프뢰벨 교육을 접한 교사나 교육환경을 통해 간접적 영향을 받았습니다. 디자인사 연구는 이 둘을 구분하면서도, 바우하우스가 '기본형의 질서, 조합, 변형'이라는 프뢰벨적 사고를 성인 예술 교육의 언어로 확장했다는 점에서는 의견을 같이합니다.

재료의 파격적 조합이 새로움을 낳다

바우하우스가 혁신적이었던 이유는 단순히 '모양을 단순화했다'는 데 있지 않습니다. 서로 다른 재료와 기술을 한 작업장 안에서 과감하게 섞어 보았기 때문입니다. 금속과 유리, 목재와 직물처럼 성질이 다른 재료들이 한 공간에서 만나면서, 이전에는 경험하지 못했던 새로운 느낌이 만들어졌습니다.

이 '낯선 조합을 시도하는 태도'가 바우하우스의 가구와 건축을 지금까지도 혁신적으로 보이게 합니다. 아이의 창의성도 다르지 않습니다. 가베에서 아이가 입체와 종이, 선과 색, 서로 다른 재료를 섞어 보며 조합을 찾아가는 과정은 작은 규모에서 이루어지는 바우하우스식 실험과 닮아 있지요. 결과를 잘 만드는 것보다, 먼저 손으로 시도해 볼 수 있을 때 비로소 새로운 창의성도 생겨납니다.

짧게 닫혔지만, 창의성의 법칙은 더 멀리 퍼졌다

바우하우스는 역사적으로는 사라진 학교지만, 문화적으로는 이동하며 확산된 학교였습니다. 폐교 이후 교사와 졸업생들은 유럽과 미국 등 세계 여러 도시의 학교 · 기업 · 디자인 현장으로 흩어졌고, 그 과정에서 바우하우스가 정립한 디자인 원칙을 세계 곳곳에 퍼뜨렸습니다.

이 유산은 오늘 우리 일상에도 스며들어 있습니다. 작은 단위를 규칙적으로 결합해 무한한 구조를 만드는 블록 장난감, 기본 모듈의 조립과 기능 중심으로 설계된 가구들—모두 바우하우스가 정리한 단순 · 기본 · 조합의 원칙 위에 서 있습니다.

그림 23 기본형과 재료 조합으로 탄생한 바우하우스 디자인

부모님이 오늘 아이와 함께 블록을 만지는 시간은, 그렇게 보면 바우하우스가 증명해 온 사고방식을 아이의 손으로 다시 실행해 보는 시간입니다. 손으로 기본을 만지고, 조합과 변형을 반복하는 경험이 형태 사고력을 키운다는 사실—바우하우스는 그것을 성인의 언어로 증명했고, 아이들은 지금도 손끝으로 그 법칙을 실행하고 있습니다.

Section 2
한눈에 정리

- **어린 시절의 블록 놀이가 거장의 눈을 만들었다.**

  프랭크 로이드 라이트와 르 코르뷔지에는 어린 시절 프뢰벨식 환경과 가베 놀이 속에서 점 · 선 · 면 · 입체, 비례와 균형을 몸으로 익혔습니다. 이 경험이 훗날 '공간을 보는 눈', '형태와 빛을 다루는 감각'으로 되살아난 것입니다.

- **바우하우스는 가베의 철학을 '현대 디자인 언어'로 확장했다.**

  바우하우스는 장식보다 기본형(점 · 선 · 면 · 입체), 제한된 색, 재료의 성질을 손으로 탐색하며 '해체 – 조합 – 변형'을 반복하게 했습니다. 이는 프뢰벨 가베의 사고방식이 성인 예술 · 디자인 교육으로 이어진 대표적인 사례입니다.

- **오늘 아이의 작은 가베 놀이도 200년짜리 창의성의 토양 위에 서 있다.**

  블록을 반복해서 쌓고, 재료를 섞어 보고, '이렇게도 될까?'를 시험해 보는 시간은 거장이 되기 위한 훈련이 아니라, 생각하는 힘을 기르는 가장 기본적인 연습입니다.

- **우리 아이가 자기만의 '형태 언어'를 가지기 위한 토대이다.**

  눈앞의 결과보다, 손으로 탐색하고 조합해 보는 그 과정을 충분히 허락해 주세요.

생각을 여는 질문 가이드

❶ 건축물 · 예술 작품을 볼 때

이 건물(그림/물건)의 모양을 가베로 만든다면, 어떤 블록들로 만들면 좋을까?

여기서 제일 눈에 들어오는 '선'이나 '모양'은 뭐야? 왜 그런 것 같아?

❷ 가베로 공간 · 형태 감각을 깨우고 싶을 때

이건 위에서 보면 어떤 모양일까? 옆에서 보면 또 어떻게 보일까?

지금 만든 모양에서 더 길게(또는 넓게) 바꾼다면, 어디를 바꾸고 싶어?

❸ 여러 재료를 섞어 보는 놀이를 할 때

이 재료(종이 · 뚜껑 · 상자)를 뭐로 변신시켜 보고 싶어?

원래는 ○○에 쓰는 건데, 새롭게 다른 물건으로 바꿔서 쓴다면 어떻게 써 볼 수 있을까?

SECTION 3

반복하는 손,
달라지는 뇌:
작업가베의
몰입과 조절력

1

완성된 세계에 익숙해진 아이들

앞서 디지털 환경이 아이의 '시작하는 힘'을 약하게 만들고, 스스로 해 볼 수 있는 시간을 줄이는 '시간의 결핍'을 가져올 수 있다고 말씀드렸습니다. 작업가베는 바로 그 잃어버린 시간을 손과 몸의 경험으로 다시 살리게 합니다. 이제부터는 '왜 좋은가'를 넘어, 집과 교실에서 이 경험의 시간을 실제로 살아나게 하려면 무엇을 하면 좋은지를 함께 살펴보겠습니다.

작업가베의 현대적 의미 교구를 넘어

1~10가베가 형태와 구조를 감각으로 익히며 생각을 블록으로 표현하는 시간이었다면, 작업가베는 그 사고를 실제 삶의 재료로 확장하는 단계입니다. 실제 재료는 어쩔 수 없이 아이를 멈춰 세웁니다. 종이는 뜻대로 접히지 않고, 실은 자꾸 풀리고, 판지는 세워도 휘어지지요.

바로 그때 아이는 '왜 안 되지?'라는 질문을 시작합니다. 이 질문이야말로, 생각이 한 단계 더 깊어지는 출발점입니다. 아이는 멈추지 않고 방법을 바꿔 보고 다시 시도합니다.

작업가베에서 손은 단순히 '만드는 도구'가 아닙니다. 손은 생각을 직접 테스트해 보는 도구예요. 아이는 재료를 만지며 계획을 세우고 실행해 봅니다. 흔들거리면 다시 고치고, 무너지면 원인을 찾고, 다른 방법을 꺼내 보지요. 이 과정에서 상상은 '그럴 수도 있지.'에서 멈추지 않고, 해 볼 수 있는 것으로 바뀝니다. 설명으로 가르칠 수 없는 힘이 바로 이런 체험에서 생겨요.

또 하나, 작업가베는 아이의 시선을 자연스럽게 넓혀 줍니다. 버려진 상자가 집이 되고, 페트병 뚜껑이 바퀴가 되고, 헌 천 조각이 지붕이 되는 경험을 하게 되거든요. 이때 아이는 '재료는 원래 이런 용도야.'라는 생각에서 벗어나, 새 쓰임을 발견하는 눈을 갖기 시작합니다. '업사이클링'이라는 말이 거창하게 느껴져도, 사실 아이들에겐 이게 늘 하던 놀이죠. 무엇이든 다른 방식으로 다시 쓰는 감각. AI가 인간을 대신하는 시대일수록, 이 감각은 더 귀한 능력이 됩니다.

집이나 수업에서 작업가베를 펼칠 때 원리는 한 가지입니다. 가베에서 익힌 구조 감각을 현실 재료로 한 번 더 살려 보게 하는 것. 예를 들어 7가베에서 평면 놀이를 충분히 했다면, 그 평면을 종이 · 판지로 확장해 세우는 도시를 만들어 볼 수 있어요. '평면을 세우려면 어떻게 해야 하지?', '건물이 안 무너졌던 이유가 뭐였지?' 같은 질문 하나면 블록의 원리가 현실로 이어집니다.

실 꿰기나 간단한 바느질도 마찬가지입니다. 단순한 바느질로 보지 말

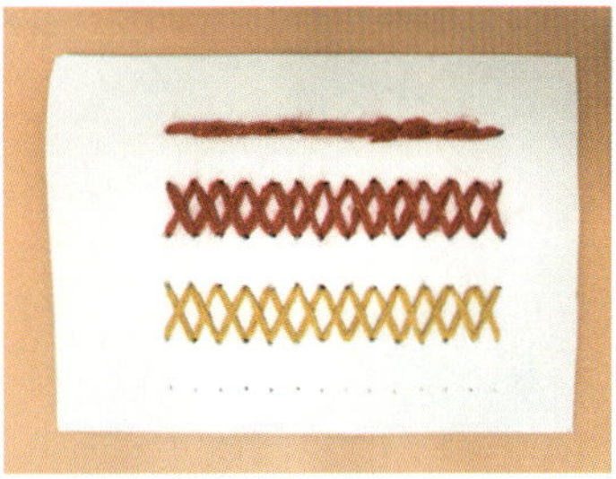

그림 24 제 12작업 '바느질하기'

고, '이 순서를 반복하면 어떤 무늬가 생길까?'를 함께 보게 해 주세요. 아이는 반복 속에서 규칙을 발견하고, 패턴을 스스로 만들기 시작합니다. 이런 감각이 나중에 수학적 사고로 이어지는 건 자연스러운 흐름이지요.

결국 작업가베는 상상을 결과로만 남겨두지 않습니다. 상상이 손을 만나 현실에 닿도록 돕고, 실패와 수정, 재구성을 거치며 아이의 능력으로 굳혀 줍니다. 그래서 1~10가베가 창의성의 바탕이라면, 작업가베는 그 바탕 위에서 집중하고 조절하며 끝까지 해 보는 힘을 기르는 단계라고 할 수 있습니다. 그리고 이 힘을 실제 능력으로 만드는 것은, 매번 다시 손을 움직이게 하는 반복입니다.

2

아이의 다른 선택, 또 하나의 길

행동유형별 작업가베 처방 Q&A

아이의 방식이 다를 뿐, 자라는 방향은 한 가지

교육을 하다 보면, 부모님 마음이 불안해지는 순간들이 있습니다. 아이가 교육에 관심을 보이지 않거나, 늘 비슷한 것만 만들 때, 무언가 시도조차 해 보려 하지 않을 때 그렇지요. 그럴 때 부모는 자연스레 걱정합니다.

'우리 아이가 공간 지각력이 부족한 건 아닐까?', '도형 활동을 따라가지 못하는 건 아닐까?'

그리고 그 불안은 곧 '어떻게 도와줘야 할까?' 하는 조급함으로 이어집니다. 하지만 현장에서 아이들을 오래 지켜보면, 아이들은 뒤처지고 있는 게 아니라, 각자 다른 방식으로 생각하고 있을 뿐입니다.

'다른 아이들은 다 하던데…'가 중요한 게 아닙니다. 진짜 중요한 것은 우리 아이만의 생각 작동 방식을 이해하는 것입니다. 우리는 모두 똑같이 태어나지 않았습니다. 모두 다르게 태어났고, 모두 고유한 결을 지녔습니다. 아이가 손과 생각을 어떻게 연결하는지, 그 아이만의 리듬과 구조를 가만히 들여다보는 일이 먼저입니다.

우리가 하려는 일은 단순합니다. 아이를 하나의 틀에 억지로 끼워 넣는 것이 아니라, 그 아이의 결을 정확히 읽고, 그 결에 맞는 말과 기다림을 건네는 일. 그러면 아이는 누구의 속도도 아닌, 자기 속도로, 자기 깊이로 자라나기 시작합니다.

이 책에서 다룰 아래의 유형들은 상담 현장에서 가장 자주 만나는 흐름들입니다. 그리고 이 유형들은 고쳐야 할 성향이 아닙니다. 아이가 지금 어디에 서 있는지를 이해하고, 다음 한 걸음을 돕는 기준입니다.

관찰형 아이: 한참 보고만 있는 아이

관찰형 아이는 한참을 봅니다. 가베 수업에서 "이제 만들어 볼까?"라고 해도 자기 손은 거의 움직이지 않고, 친구가 만든 것만 유심히 바라보지요. 아무것도 안 하는 시간이 아닙니다. 생각이 자리를 잡는 시간입니다. 뇌 안에서는 이미 친구의 손 움직임을 따라가며 조용한 연습이 이루어지고 있습니다.

앞에서도 말했듯이 누군가의 행동을 볼 때, 그 행동을 할 때와 비슷한 회로가 함께 켜지는 현상을 '거울 효과'의 작동으로 설명합니다. 아이가 옆 친구의 쌓기 과정을 뚫어지게 바라볼 때, 손은 가만히 있어도 뇌 안에서는 '저 블록을 저기에 올려놓으면…', '저렇게 기울면 무너지겠구나.' 하고 시뮬레이션을 돌리고 있는 것이지요. 실제로, 행동을 직접 하지 않고 관찰만 한 아이들도 행동한 아이들과 비슷한 동작을 더 쉽게 따라 했다는 연구들이 있습니다.

그래서 관찰형 아이에게 가장 먼저 필요한 것은 '재촉'이 아니라 '인정'입니다.

"너는 왜 안 하니?"보다 "친구 것도 멋지지? 친구는 어떻게 하는지 잘 관찰해 보자."라는 말이 훨씬 큰 힘을 가집니다. 이때 부모와 교사는 조급해하기보다 옆에서 천천히 만들어 보이는 것입니다. 옆에서 가베로 구조물을 만들고, 무너지면 "여기서 이렇게 기울어지네?" 하고 소리 내어 생각을 말합니다. 그러면 아이의 뇌는 그 장면을 자기 일처럼 받아들일 것입니다.

관찰형 아이는 '내 차례가 올 거야. 그때 해 볼 수 있어.'라는 안전감이 생길 때 자연스럽게 손을 뻗습니다.

"이번에는 나도 한번 해 볼래요."

그 한마디가, 관찰에서 실행으로 건너가는 아이의 작은 도약입니다.

관찰형 아이의 생각을 여는 질문 4

"지금 뭐가 제일 눈에 들어와?"

"어떤 게 제일 궁금해?"

"우리 이 블록 어디에 놓아 볼까?"

"이걸 네가 만든다면 어떻게 달라질까?"

모방형 아이: '비슷한 것만 만드는 아이'의 진짜 마음

모방형 아이는 친구의 작품이나 어른의 예시를 거의 그대로 따라 만드는 경우가 많습니다.

이 모습을 보면 부모는 자연스럽게 걱정하게 됩니다.

"자기 생각은 언제 나올까요?"

"계속 따라만 하면 창의성이 자라지 않는 건 아닐까요?"

하지만 이 시기의 모방은 의존이 아니라 준비에 가깝습니다.

모방형 아이는 아직 '무엇이 가능한 구조인지'를 몸으로 확인하는 단계에 있습니다.

다시 말해, 창의성을 미루는 것이 아니라 창의성이 자랄 지도를 그리고 있는 중입니다.

이 아이에게 가장 흔한 실수는, "이제 너만의 걸 만들어 봐." 하고 너무 이른 독립을 요구하는 것입니다.

구조가 아직 몸에 충분히 들어오지 않은 상태에서 독창성을 요구하면, 아이의 손은 멈추고 생각은 위축되기 쉽습니다.

모방형 아이를 여는 질문 4

"지금 만든 것에서 네가 제일 마음에 드는 부분은 어디야?"

"그 부분을 하나만 바꾼다면 뭐가 좋을까?"

"선생님 거랑 뭐가 비슷하고, 뭐가 달라졌는지 한번 같이 볼까?"

완벽주의형 아이: 어려워요. 해 주세요

완벽주의형 아이는 시작부터 자주 멈추고 두려워합니다. "어려워요.", "잘 못 하겠어요." 이런 말이 먼저 나올 때, 부모는 실력이 부족한가 하는 의문이 생기지요. 그런데 이 말은 대개 실력보다 긴장에 가깝습니다. 실패가 '내가 못 해서'로 해석되는 아이일수록, 손을 내미는 순간 자체가 무거운 일이거든요.

그래서 이 유형에게는 정답을 주기 전에 먼저, 실패가 안전한 세계라는 감각을 심어줘야 합니다. 가장 좋은 방법은 어른이 먼저 '실패'를 보여 주는 거예요. 부모가 작은 구조를 하나 만들다가 일부러 살짝 무너뜨려 보거나 부모님이 만드는 것을 보여 주고 무너지는 장면을 연출해 보세요. 그리고 크게 반응하지 말고 담담하게 말해 줍니다.

"어? 무너졌네. 괜찮아. 다시 하면 되지."
"어? 그럴 수도 있어. 다시 해 보자."

이 순간 아이는 '실패해도 문제가 없구나.'라는 신호를 받습니다. 그 신호가 들어가면 아이의 손은 생각보다 훨씬 빨리 움직이기 시작해요. 완벽주의형 아이에게 안전감은 출발선입니다.

완벽주의형 아이를 여는 질문 4

"처음부터 잘 만들 필요 없어. 연습으로 딱 한 번만 해 볼까?"
"무너져도 괜찮아. 다시 하면 되지. 옆에서 도와줄게 걱정 마."
"제일 쉬운 부분부터 시작해 볼래? 너무 어려우면 도와줄게."
"틀려도 괜찮아. 지금은 연습 시간이야."

변형형 아이: 만들다 자꾸 바꾸는 아이

변형형 아이는 만들면서 계속 방향을 바꿉니다. 부모 눈에는 산만해 보일 수 있어요. '계획이 없나?', '완성은 언제 하지?' 하고 답답함이 올라오지요. 그런데 이 아이는 산만한 게 아니라 가능성을 탐색하는 중입니다. 처음 생각한 길로만 가지 않고 만들며 새 길을 발견하는 아이들이에요. 말하자면 생각이 살아 움직이는 방식이 이렇습니다.

그래서 변형형 아이에게 필요한 건 '끝까지 해.'라는 압박이 아니라, 왜 바꾸고 싶은지 이유를 말로 꺼내게 하는 질문입니다.

"지금 것도 멋진데? 어떻게 이런 생각을 했어?"
"새로운 생각이 떠올랐나 보구나?"

이 질문 하나가 변형을 '충동적 수정'에서 '의미 있는 기획'으로 자라게 합니다. 가능하다면 바뀔 때마다 사진을 한 장씩 남겨 보세요. 아이는 자기 변화의 흐름을 실수가 아니라 과정으로 이해하게 되고, 그 과정이 곧 작품의 이야기가 됩니다.

변형형 아이를 여는 질문 4

"지금 바꾸고 싶은 이유가 뭘까?"
"바꾸기 전과 후가 어떻게 달라졌어?"
"이렇게 바꿔서 무엇이 더 좋아졌어?"
"변신 과정 이름을 붙인다면 뭐라고 할까?"

추가로 자주 만나는 유형: 참견만 하는 아이

어린 아이들 가운데는 자기 것을 만들기보다, 다른 아이의 작품을 옆에서 말로만 끼어드는 경우가 있습니다. 얼핏 보면 주의력 부족처럼 보이기도 하지만, 조금 다르게 볼 필요가 있어요.
이 시기 아이들은 아직 자기 작업에만 집중하는 데 익숙하지 않습니다.

주변을 살피며 친구가 어떻게 하는지를 관찰하고, '나도 저렇게 하고 있는 걸까?'를 확인하고 싶어 하지요. 또한 '도와주는 말'과 '간섭하는 말'의 차이를 명확히 구분하기엔 아직 인식이 자라는 중입니다. 좋은 뜻으로 말을 건넸지만, 정작 친구에게는 방해가 될 수 있다는 걸 이해하지 못할 수도 있어요.

또 하나는 앞서 말한 거울 효과처럼, 참견하는 아이도 이 순간을 '나도 지금 하고 있는 중'이라고 느끼는 경우가 많습니다. 결국 참견은, 함께하고 싶은 마음과 관계 맺기의 표현인 셈이지요. 그래서 이런 반응은 단순히 끊어내기보다 어떻게 연결할지를 알려 주는 방식으로 접근해야 합니다. 이럴 때 "그만해!"라고 단호하게 막아버리면, 아이의 관계 통로가 함께 닫히게 됩니다. 대신 이렇게 말해 보세요.

"그럼 너는 알려 주는 역할 해 줄래? 친구가 안 무너지게 할 수 있는 규칙 하나만 말해 줘."

이 한마디로 말로만 끼어들던 아이는 '참여하는 관찰자'로 자리를 옮기게 됩니다. 역할을 부여받은 아이는 말하는 방식에 책임을 느끼기 시작하고, 관계 안에서 자연스럽게 배웁니다.

아이들 사이의 갈등을 줄이려면, 관계를 지키는 규칙은 짧고 명확할수록 좋습니다.

"보기는 괜찮아. 말로 도와주는 것도 괜찮아. 하지만 친구 작품을 만지고 싶으면, 먼저 '해도 돼?' 하고 물어야 해."

이 짧은 규칙 하나가 관계도 지켜 주고, 놀이도 지켜 줍니다.

참견형 아이를 여는 질문 4

"친구 작품이 멋지게 완성되면 좋겠다는 마음이 있었구나. 이번엔 네 것도 한번 멋지게 완성해 볼까?"

"친구가 옆에서 말하면 불편하대. 도와달라고 하면 그때 도와주는 게 좋을 것 같아. 그치?"

"친구가 도와달라고 하면, 어떤 식으로 말해 줄 수 있을까?"

"그럼 이번에는 너 혼자 만들고 싶은 건 뭐가 있었어?"

3

집과 교실에서 되살리는 손의 리듬

부모 · 교사를 위한 실행 가이드

화면을 끄는 게 아니라 손을 켜는 일

앞에서 디지털 노출이 아이의 상상 회로를 약하게 만들 수 있다고 말씀드렸습니다. 해법은 화면을 없애는 게 아닙니다. 화면에서 받은 경험이 손으로 다시 살아날 자리를 마련하는 것입니다. 그 균형만 잡혀도 아이의 창의성은 제자리로 돌아옵니다.

원리는 세 가지입니다. 자주 만나고, 짧게 하고, 실패가 안전한 분위기를 지키는 것. 거창한 수업이 아니라 작은 루틴이면 충분합니다.

세 구간으로 나누는 집의 리듬

저는 수업에서 늘 흐름을 세 구간으로 나눕니다. 손을 깨우는 시작, 블록으로 집중하는 본 활동, 종이로 마무리하는 확장. 집에서도 그대로 가져오면 좋습니다.

첫 구간 10~15분은 간단한 손의 리듬을 깨우는 시간입니다. 작업가베 중 하나를 골라 종이접기나 선 긋기처럼 가볍게 손을 움직입니다.

아이는 마음이 안정되고 집중할 준비를 마칩니다. 예를 들어 1회차 가로선 긋기 활동, 2회차 세로선 긋기, 3회차 대각선 긋기처럼 매회차에 한 가지씩만 작업가베 활동을 합니다.

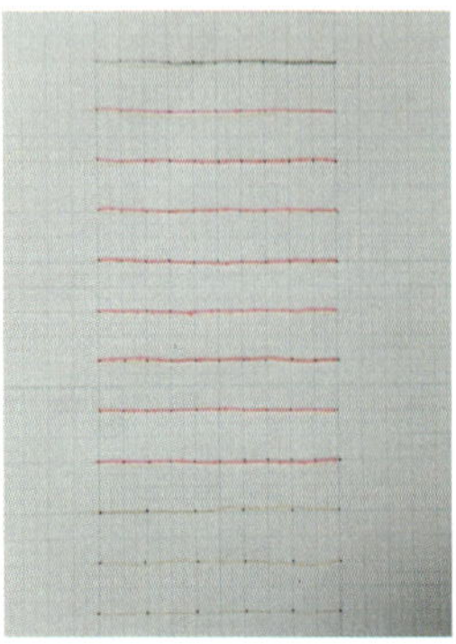
그림 25 2회차 가로선

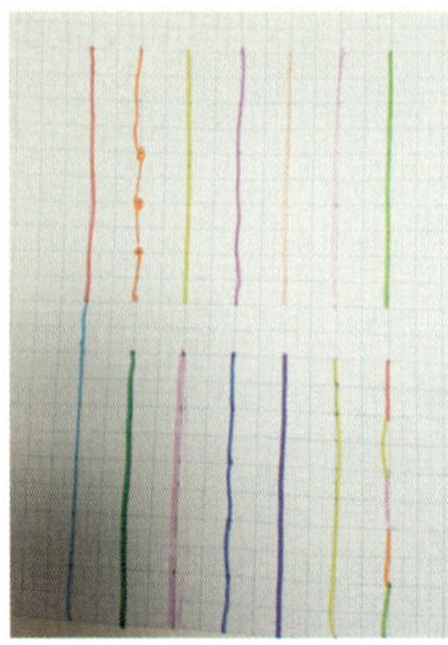
그림 26 2회차 세로선

그림 27 3회차 대각선

둘째 구간 15~20분은 가베 블록 활동입니다. 오늘의 중심 시간이죠. 가베로 주제별 활동을 하거나 아이와 경험한 일에 대한 이야기를 나누며, 그 속에 등장하는 장소나 사물을 자유롭게 만들어 봅니다.

그림 28 마트

셋째 구간 10분은 몇 회에 걸쳐 완성되는 유닛 종이접기 놀이로 마무리합니다.

회차마다 5~10개씩, 아이가 접을 수 있는

그림 29 유닛조립

양만큼만 나누어 접어요. 30개가 모이면 조립하며 다면체를 완성해 봅니다. 조립이 어려우면 그것도 회차별로 나눠서 하세요. 여러 회차에 걸쳐 완성된 다면체는 아이에게 또 하나의 성취감을 안겨줄 거예요.

매번 세 구간을 다 채울 필요는 없어요. 바쁜 날은 첫 구간만, 여유 있는 날은 둘째 구간까지. 숨 쉴 수 있는 루틴이어야 오래 갑니다.

처음 만나는 가베, 한 번에 한 가베씩

가베 블록 놀이의 원칙은 단순합니다. 한 번에 한 가지만 활동해 주세요.

가베는 단순한 형태에서 복잡한 형태로, 큰 덩어리에서 작은 조각으로 나아가도록 설계되어 있어요. 그래서 순서대로 만나는 게 좋습니다. 다만 아이가 스스로 조합하고 싶어 할 때는 열어두세요.

예를 들어 3가베로 활동하다가 아이의 구조물이 더 커지고 싶어 하면, 같은 정육면체인 5가베를 조금 보태 주세요. 단, 여러 가베를 한꺼번에 섞으면 아이가 생각하며 만들기보다 마구 쌓기로 빠지기 쉬워요. 재료는 천천히, 조금씩 늘려 주는 게 좋습니다.

그림 30 하트

그림 31 트리

평면 도형인 7가베도 마찬가지예요. 색은 두 가지 정도만 골라 쓰고, 한 시간에 도형 하나씩만 만나게 해 주세요. 오늘은 정삼각형, 다음 시간은 직각이등변삼각형처럼요. 이렇게 하나씩 충분히 다루면 아이는 각 도형이 가진 각도와 특징을 몸으로 익히게 됩니다.

모든 도형을 한꺼번에 펼쳐보는 경험도 물론 필요하지만, 그건 각각을 충분히 만난 뒤가 좋아요. 물론 아이가 "다른 도형도 써 보고 싶어."라고 말한다면, 그 호기심은 존중해 주세요. 자유롭게 만들되 다음 시간에 한 도형씩 만드는 시간을 가지면 됩니다.

부모는 설명자가 아니라 동행자

아이보다 한 발 앞서 답을 보여 주는 사람이 아니라, 아이의 속도를 함께 걷는 사람입니다.

활동지를 보며 "이것처럼 해 보자."는 자꾸 정답을 떠올리게 합니다. 정답을 먼저 보여 주는 것이 아니라 아이와 대화하며 그 흐름 속에 아이가 원하는 것을 만들 수 있도록 동행하는 것입니다. 예를 들어 이렇게 시작해 보세요.

"오늘 하루 있었던 일을 생각하면서 순서대로 만들어 볼까?"

아침에 침대에서 일어났으니 침대를 만들고, 세수하고 이 닦았으니 세면대와 칫솔을 만듭니다.

"밥은 어디서 먹었지?"

아이는 식탁과 의자를 만들어요.

"밥 먹고 뭐 했더라?", "옷 갈아입고 유치원 버스 탔어요.", "그럼 유치원 버스는 어떻게 생겼어? 한번 만들어서 보여 줄 수 있어?", "유치원에 내렸으니 유치원도 만들어 보자."

아이가 머뭇거릴 수도 있습니다. 이때는 말이 길어지면 안 돼요. 설명 대신 잠깐 기다려 주세요. 보통 30초면 손이 다시 움직입니다. 그래도 망설이면 조심스럽게 질문해 주세요.

"지금 무엇이 고민됐어?", "똑같이 만들기 어려웠구나. 그럼 네가 생각한 유치원을 새로 만들어도 좋아. 어떤 모양의 유치원이 될지 궁금한데?" 이 말이면 충분합니다.

이렇게 하루의 흐름을 따라가다 보면 아이는 자연스럽게 자기 이야기를 손으로 펼치게 됩니다. 부모는 다음 장면을 묻고, 아이는 그 장면을 만들고. 이 리듬이 바로 동행입니다.

열린 질문과 다양성을 발현시키는 놀이

이 원리는 교실에서 더 분명하게 드러납니다. 같은 질문을 던져도 아이마다 결과물이 달라지거든요.

"우리 오늘은 내가 여행 갔던 곳을 소개해 볼까? 그곳에서 제일 좋았던 걸 가베로 만들어 보자."

어떤 아이는 식당에서 먹은 맛있는 음식을 떠올리며 식탁과 의자, 메뉴판을 만들고, 어떤 아이는 배를 타고 낚시했던 기억을 꺼내며 자기가 봤던 배를 만듭니다. 같은 질문인데 결과물은 모두 다릅니다. 비교할 수가 없어요. 각자의 이야기니까요.

아이들은 그 경험 속 장소와 기억을 다시 떠올리며 자연스럽게 깊이 빠져듭니다. 그때의 감정을 다시 불러내며 자신의 이야기를 열심히 풀어내지요. 이렇게 자기 경험을 손으로 다시 펼치는 시간은, 아이에게 단순한 놀이가 아니라 삶을 이해하는 방식이 됩니다.

손으로 경험을 풀어낼 수 있을 때 아이는 설명을 듣는 사람이 아니라, 자기 삶을 스스로 구성하는 사람으로 자라납니다. 이것이 집과 교실에서 손의 리듬을 다시 살려야 하는 이유입니다.

Section 3
한눈에 정리

- **'어려워요'는 실력 문제가 아니다.**

  완성된 답에 익숙해진 아이일수록 스스로 시작하는 걸 어려워합니다.

- **작업가베는 사라진 '시작의 힘'을 손으로 다시 되살리는 과정이다.**

  작업가베는 상상을 현실로 옮기는 연습입니다. 점 · 선 · 면의 감각을 종이, 실, 판지 등 실제 재료로 확장하며, 규칙과 구조를 손으로 깨닫는 경험을 합니다.

- **아이의 행동유형은 고쳐야 할 성격이 아니다.**

  관찰형, 모방형, 완벽주의형, 변형형, 참견형은 각자 생각이 움직이는 결일 뿐입니다. 맞춤 말, 질문, 기다림이 필요합니다.

- **루틴과 말만 바꿔도 달라진다.**

  주 2~3회, 15~20분만으로도 충분해요. "왜 못 해?" 대신 "어디가 궁금해졌어?", "내가 해 줄게." 대신 "어디부터 다시 해 볼까?" 과정 중심의 말이 자기조절력을 키웁니다.

생각을 여는 질문 가이드

❶ 관찰형 아이

지금 눈에 제일 들어오는 건 뭐야?

너라면 그걸 어떻게 만들어 볼까?

❷ 모방형 아이

네가 만든 것 중에서 제일 마음에 드는 부분은 어디야?

똑같지만 하나만 바꾼다면 어디를 바꾸고 싶어?

❸ 완벽주의형 아이

제일 쉬운 부분부터 같이 해 볼까?

무너져도 괜찮아, 어디부터 다시 해 볼까?

❹ 변형형 아이

바꾸고 싶었던 이유는 뭐야?

바꾸고 나니까 뭐가 더 좋아졌어?

❺ 참견형 아이

친구가 도와달라고 하면 어떻게 말해 줄 수 있을까?

이번에 너는 어떤 걸 만들어 보고 싶어?

PART 3

세상을 짓는 손의 언어

기하로 배우는 사유의 구조

이어지는 'PART 3'에서는 손의 놀이가 논리와 구조 감각으로 단단해지는 지점을 살펴봅니다. 가베 활동 속에서 수학적 감각이 손의 경험을 바탕으로 어떻게 구조화되는지를 차분히 따라가 봅니다. 이 과정에서 아이의 손은 계산의 도구가 아니라 생각을 설계하는 출발점이 됩니다.

Section 1

점과 선으로 세계를 짓다

Section 2

해체와 재구성, 창조의 규칙

Section 3

쌓여가는 입체, 넓어지는 상상력

Section 4

반복과 규칙이 만드는 생각의 틀

SECTION 11

점과 선으로
세계를 짓다

1

일대일 대응과 균형의 법칙

점 하나, 블록 하나에서 시작하는 수학

수 세기가 아닌, '관계'를 짓는 힘

아이는 선생님이 만든 구조물을 바라보다가, 자기 앞 블록을 집어 듭니다. 선생님의 블록과 자신의 블록을 번갈아 바라보며, 개수와 위치를 하나씩 짝지어 봅니다.

"여기는 맞는데… 저기는 뭔가 다른 것 같아요."

아이는 아직 계산하지 않습니다. 대신 두 구조물을 번갈아 보며, 눈으로 하나씩 짝지어 봅니다. 이 짧은 순간에 아이는 '여기 있는 이 블록이, 저기에서는 어디에 있을까?'를 찾고 있는 셈이에요. 이 경험을 교육에서는 '일대일 대응'이라고 부릅니다.

또 다른 활동에서는 3가베 정육면체를 줄지어 놓고 "여기 블록이 몇 개일까?"라고 물으면, 아이는 손가락으로 블록을 하나씩 짚으며 숫자를 셉니다. 겉으로 보면 단순한 숫자 세기처럼 보이지만, 이때 '셋'이라는 말이 정확히 세 번째 블록을 가리킨다는 대응 감각이 손과 눈, 몸에 함께 새겨집니다. 이 기본기가 쌓일수록, 나중에 '10은 7보다 크다.', '이쪽이 더 무거워.' 같은 비교 감각도 자연스럽게 자라납니다.

그림 32 건축물 따라 만들기

그림 33

그림 34

이 대응 감각을 확장해, '좀 더 복잡한 따라 만들기' 활동을 합니다. 교사가 6가베로 신전 모양의 구조물을 만들면, 아이는 같은 재료로 그 구조를 재현하지요.

이 활동은 단순히 블록 개수를 맞추는 것이 아닙니다. 몇 번째 줄의 몇 번째 자리에 어떤 블록이 놓였는지, 층과 방향까지 하나하나 대응시키며 따라가야 해요. 이 과정에서 아이의 머릿속에는 좌표 감각이 자라기 시작합니다.

따라 만들기에서 방정식까지

이러한 대응 감각은 놀이에서 끝나지 않습니다. 시간이 지나면 수학 학습의 중요한 기반으로 이어집니다. 방정식은 결국 왼쪽과 오른쪽이 서로 같다는 약속이고, 그 안에는 수와 수, 항과 항을 정확히 대응시키는 능력이 필요하지요.

풀이 과정에서도 마찬가지예요. 한 줄씩 식을 옮겨 적을 때, 위 식과 아래 식이 정확히 대응되어야 답이 맞습니다.

제가 만났던 한 중학생 아이가 떠오릅니다. 연립방정식을 풀다가 괄호를 푸는 순간 부호를 하나 잘못 바꿔 썼는데, 아이는 "아무리 풀어 봐도 답이 계속 틀려요."라고 말했어요.

왼쪽과 오른쪽 식을 하나씩 짚어 가며 "여기 부호들이 정확한지 확인해 볼까?" 함께 살펴보니, 실수는 금세 드러났습니다. 하지만 아이 혼자서는 그 단순한 어긋남을 찾아내기 어려워했어요. 눈으로 항목을 하나씩 대응시키고, 자기 과정을 점검하는 경험이 충분히 쌓이지 않았기 때문입니다.

여러 연구에 따르면 초등 이전에 충분한 일대일 대응 경험을 한 아이들은 이후 수 개념과 비교, 측정, 간단한 연산을 더 안정적으로 받아들이는 경향이 있었습니다. 또한 이미 센 것과 아직 세지 않은 것을 구분하고, 주의를 유지하며 과정을 점검하는 능력, 즉 작업 기억과 실행 기능도 함께 자라납니다. 가베의 따라 만들기 활동은 이 두 능력이 동시에 훈련되는 활동입니다.

가정에서는 거창한 준비가 필요하지 않아요. 작은 구조물 하나를 만들고 "이거 똑같이 만들어 볼래?" 한마디면 충분합니다. 완성한 뒤에는 두 작품을 나란히 놓고 "틀린 그림 찾기처럼 다른 데가 있을까?"라고 물어보세요. 아이는 스스로 "여기 방향이 다르네." 하고 발견할 거예요.

일대일 대응은 너무 쉬워 보여, 오히려 지나치기 쉬운 영역입니다. 하지만 이 기초가 탄탄한 아이는 수와 수를, 문장과 의미를, 원인과 결과를 정확히 짝지어 생각할 수 있게 됩니다. 아이에게 수학은 공식이 아니라, "아, 그래서 이렇게 되는구나." 하며 관계를 이해하는 언어가 됩니다.

2

실패는 인식의 전환점

시행착오를 통해 바뀌는 생각의 구조

가베 놀이는 매시간 무너지고 매시간 다시 쌓는, 실패를 허락하는 수업입니다. 실패는 어른에게도 중요하지만, 아이에게는 생각의 방향이 바뀌는 전환점이 됩니다. 블록이 무너지고, 계획이 어긋나고, 다시 고쳐야 하는 순간. 그 불완전함이 오히려 몰입과 사고의 전환을 만들어 냅니다. 이것이 가베 수업에서 가장 귀하고 값진 교육입니다.

그림 35 계단식 사다리

그림 36 기울어진 사다리

그림 37 세워진 사다리로 완성

무너짐이 생각의 방향을 바꿀 때

이준이는 정육면체 블록으로 소방차를 만든 뒤, 뒤쪽에 긴 사다리를 기울여 올려 보려 했습니다. 블록을 대각선으로 쌓아 보았지만, 조금만 손을 놓아도 사다리는 계속 무너졌습니다. 이번에는 계단처럼 한 칸씩 높이를 올려 보았지만, 결과는 크게 다르지 않았어요.

몇 번의 시도 끝에 이준이는 잠시 멈춰 섰다가, 블록을 다시 모아 위로 차곡차곡 쌓기 시작했습니다.

사다리를 기울이는 대신, 수직에 가깝게 세우는 방식으로 방향을 바꾼 것입니다. 이 선택은 포기가 아니라, 전환이었습니다. 이준이는 여러 번의 실패를 거치며, '지금 이 블록으로는 기울어진 사다리를 만들기 어렵다'는 사실을 몸으로 이해하게 됩니다. 그 순간 이준이의 생각은 '원하는 모양을 그대로 만들기'에서 '이 블록으로 가능한 구조는 무엇일까?'로 바뀌었습니다.

사진을 보면 작품의 변화를 한눈에 살펴볼 수 있습니다.

첫 번째 소방차는 '하고 싶은 모양'에 집중한 상태이고, 두 번째 소방차는 기울기와 지지, 무게 중심에 대한 이해가 아직 충분하지 않아 계속 흔들거리던 구조입니다. 세 번째 소방차는 같은 블록으로, 현실적으로 가능한 안정된 구조를 다시 만든 결과입니다.

실패가 생각을 다시 짜는 방식

뇌과학에서는 이런 과정을 예측 – 오차 – 조정의 순환으로 설명합니다. 아이가 처음 마음속에 그린 소방차는 하나의 예측 모델입니다. 그 모델대로 블록을 쌓아 보았을 때, 실제 세계에서는 사다리가 계속 무너지는 오차가 발생합니다. 이때 중요한 것은, '이 오차를 어떻게 다루느냐'입니다. 어른이 서둘러 나서서 '이렇게 하면 돼.'라며 안정된 구조를 대신 만들어 주면, 오차는 일시적으로 사라지지만 앞으로 아이의 모델은 거의 바뀌지 않습니다.

반대로 아이가 스스로 '이 방식은 안 되네.'를 충분히 느끼고, '그럼 어떻게 바꿔야 하지?'라고 생각해 볼 시간을 가질 때, 비로소 머릿속 구조 자체가 조정됩니다. 이 경험을 반복한 아이는 실패를 막다른 길이 아니라, 새로운 방법을 찾는 전환의 기회로 받아들이게 돼요.

인지 · 교육심리 연구에서는 이런 '전략 바꾸기'와 실수를 견디는 경험을 나중에 수학 · 과학 · 읽기 이해력까지 이어지는 실행 기능의 핵심 경험으로 봅니다. 나중에 수학 문제 풀이에서도 같은 장면이 반복됩니다. 어떤 아이들은 식을 세우고 계산하다가 막히면, 그냥 '저는 원래 수학이 약해요.'라고 말하며 문제를 덮어 버립니다.

반면 또 다른 아이들은 '어디서부터 다시 봐야 하지?', '문제 해석이 틀렸을까, 식이 틀렸을까?'를 구분해 보려 합니다. 이 차이는 단순한 이해력의 문제가 아닙니다. 어릴 때부터 실패를 어떻게 경험했는지, 그리고 그 실패 앞에서 생각을 어떻게 다시 세워 왔는지의 차이이기도 합니다.

이준이는 소방차 수업 이후에도 가베 구조물 활동에서 비슷한 태도를 보였습니다. 물론 아직 4세인 이준이가 입술을 삐죽 내미는 순간도 있지만, 잘 안 될 때면 구조를 다시 고치고 새로운 방식으로 완성해 갔어요. 나아가 "이건 내가 다시 만든 거예요. 선생님도 나처럼 따라 해 보세요."라는 말 속에는 이미 자신이 세운 계획을 스스로 조정하는 주도성이 담겨 있었습니다.

가베 수업에서의 실패는 단지 '사다리가 무너졌다'는 사건만은 아닙니다. 내가 세운 생각이 실제 세계와 어떻게 어긋나는지를 알아차리고, 그 어긋남을 다시 조정해 보는 연습입니다.

이준이가 소방차에서 경험한 것은 하나의 작은 수학이자, 과학적 사고의 시작이었습니다.

기울기와 지지, 무게 중심이라는 개념이 손끝에 저장됩니다.

이런 경험이 쌓일수록 아이는 실패를 두려워하지 않게 됩니다. 잘 무너뜨리고 다시 세우는 일을 자연스럽게 받아들이는 사람으로 자라납니다. 그리고 그 힘은 훗날 더 복잡한 문제 앞에서도 포기 대신 구조를 다시 세워 보려는 태도로 이어질 것입니다.

3

선을 그으며 세계를 배우는 아이들

길, 패턴, 그리고 어림의 눈

점 하나, 블록 1개에서 시작된 아이의 세계는 어느 순간 '선의 세계'로 확장됩니다. 8가베 막대는 그림이 되고, 대칭을 맞추면 어느새 무늬가 됩니다. 여기에 모눈종이와 연필이 더해지면, 아이는 가베로 느꼈던 거리와 방향, 비례를 선과 수, 패턴이라는 새로운 언어로 표현하기 시작해요. 점 · 선 · 면 · 입체로 경험했던 세계가, 그림과 무늬, 수직선이라는 기하 언어로 옮겨지는 지점입니다.

선으로 번역되는 블록의 경험

8세 정윤이는 어릴 때부터 8가베 직선 막대와 9가베 곡선 고리로 그림을 그리는 걸 좋아했습니다. 긴 막대는 길, 짧은 막대는 계단, 동그란 고리는 바람이나 물결이 되었어요. 정윤이에게 선은 단순한 선이 아니라, 자신이 상상한 장면을 이어 주는 도구였습니다.

수학 가베 단계로 넘어가기 전, 정윤이는 제13작업 '선 그리기'를 시작했습니다. 일정한 간격의 모눈 칸에 1cm에서 6cm까지, 길이를 조금씩 바꾸어 선을 그려 보는 활동이에요. 이때 중요한 건 자를 쓰지 않는다는 거예요. 아이는 눈으로 모눈 칸을 세어 보며 '이 정도면 세 칸쯤 되겠다.'를 먼저 가늠한 뒤, 손으로 그 길이를 맞추어 그려 봅니다.

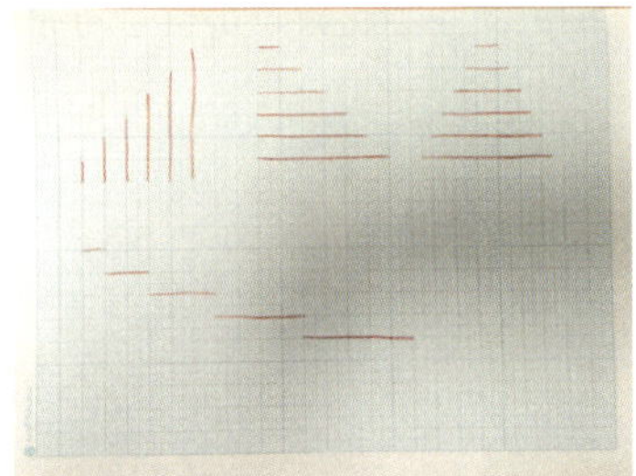

그림 38 1cm씩 길어지는 규칙

정윤이는 세 칸 길이의 선을 처음에는 조금 짧게 그렸다가, 다음에는 살짝 길게 그렸습니다. 눈으로는 대충 이 정도라고 생각했지만, 막상 그리고 나면 항상 어딘가 어긋나 있었어요. 선 그리기 시간은 바로 이 '어긋남'을 다루는 시간이에요.

몇 주가 지나자 정윤이는 달라져 있었습니다. 선을 긋기 전에 먼저 모눈 칸을 눈으로 천천히 훑어보고, 세 칸의 위치를 어림하며 마음속으로 그려 봤습니다. 그런 뒤 한 번에 쭉 그었어요.

"이번에는 거의 딱 맞았어요."

이 말에는 단순한 자부심을 넘어, 자신의 감각을 믿어 보는 경험이 담겨 있습니다. 모눈종이에서 시작된 이 감각은 나중에 빈 도화지에서도 이어집니다. 아이는 종이 위에 선을 그으며 '이건 네 칸짜리, 이건 여섯 칸짜리 선 정도 될 거야.'라고 스스로 길이를 어림으로 재어보기 시작합니다. 자를 대지 않아도 눈과 손이 함께 움직이는 힘이 자라는 거예요.

모눈종이 위에서 자라는 어림과 비례 감각

이 과정에서 아이는 여러 수학 개념을 동시에 다룹니다. 먼저, 서로 다른 길이 사이의 비례 관계를 감각으로 익혀요. 두 칸짜리 선을 여러 번 그려 본 아이에게 네 칸짜리 선은 아까 그 선의 두 배 길이로 느껴집니다. 2배, 3배라는 말이 완전히 추상적인 기호가 아니라, 이미 손끝에 저장된 감각과 자연스럽게 이어집니다.

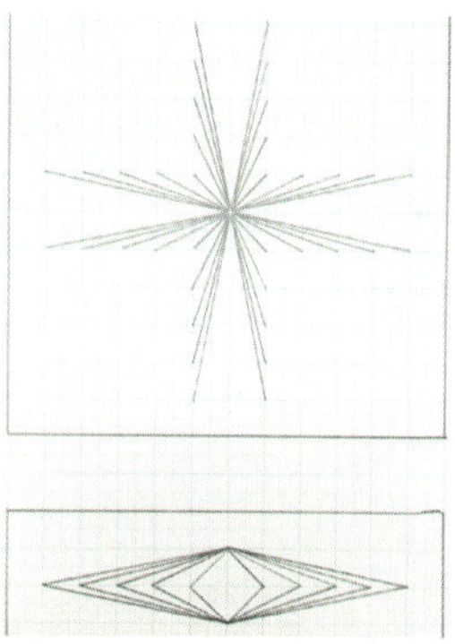

그림 39 대각선 각도가 변하는 선

그림 40 정사각형 대칭 그리기

그림 41 곡선 그리기

또, 가로선 · 세로선 · 대각선을 번갈아 그리면서 공간과 기울기에 대한 직관도 자랍니다. 같은 칸 수를 움직였는데도 대각선이 더 길다는 사실을 아이들은 계산이 아니라 직관적으로 먼저 발견해요. 정사각형의 대각선을 여러 번 그려 본 아이에게 나중에 배우는 피타고라스 정리는 낯선 공식이 아니라 그때 내가 계속 그렸던 그 대각선 이야기로 다가옵니다.

선 그리기 수업을 할 때, 한 학부모가 이런 질문을 한 적이 있습니다.

"선생님, 수학에서 어림하기는 왜 하는 걸까요? 그냥 정확하게 재면 되는 거 아닌가요?"

어른 눈에는 '어림'이 쉬운 단원, 준비운동처럼 보이기도 해요. 하지만 수학 교육 연구에서는 어림을 사고 검증의 핵심 도구로 봅니다. 예를 들어, '39+58'을 계산한 결과가 80이나 90처럼 나오면, 아이는 스스로 '뭔가 이상한데?'라는 신호를 감지합니다.

정윤이가 모눈 위에서 세 칸, 다섯 칸, 여섯 칸 선을 수없이 그려 보며 '이 정도 길이'를 몸에 익히는 과정도 같은 훈련입니다. 눈으로 가늠하고, 손으로 그려 보고, 결과를 비교하는 이 순환이 쌓이면, 나중에 수학 문제에서도 '내 답이 맞는 범위인가?'를 스스로 점검하는 눈이 자라요.

선 하나에 담긴 집중과 그릿(grit)

그림 42 도안 보며 그리기

그림 43 집중하는 유준이

선 그리기는 집중력과 인내, 실행 기능을 단련하는 시간이기도 합니다. 모눈종이에 방사형 패턴, 대칭 모양, 반복 무늬를 채우려면 한 번에 끝낼 수 없어요. 선 하나만 조금 비뚤어져도 전체 무늬의 균형이 달라집니다.

처음에는 "힘들어요, 지루해요."라고 말하던 아이도 마지막 줄까지 선을 그리고 완성된 패턴을 마주하면 "완성했다. 한 번 더 해 볼래요."라고 이야기하곤 해요.

이 과정에서 아이는 '조금 어긋난 선 하나쯤은 괜찮아.'라는 대충함이 아니라, '어려워도 나는 할 수 있어.'라는 인내의 힘을 배우게 됩니다. 이런 조용한 선 그리기 활동 속에서, 아이는 쉽지 않은 과제를 끝까지 붙드는 힘을 키웁니다.

다만 주의할 지점은 선이 조금 비뚤어졌다고 바로, "다시!"라며 지우개를 들이밀면 아이는 '틀리면 안 돼.'라는 생각에 결과에만 매달리게 됩니다. 이때는 "이 선이 이렇게 살짝 기울어진 것도 괜찮은데? 그런데 연결할 점의 위치가 어떤 것 같아? 한번 같이 살펴볼까?"라고 물어봐 주면, 아이는 그 순간을 자신의 실수를 점검하는 시간으로 삼게 돼요.

이렇게 어른이 실수를 함께 살펴보는 안내자가 되어 줄 때, 아이는 틀림을 부끄러워하기보다 스스로 어디가 어떻게 다른지 찾아 고쳐 보는 연습을 하게 되고, 그 과정에서 메타인지와 성장 마인드셋이 단단해집니다.

결국 선 그리기 활동은 'PART 3' 전체의 주제와 맞닿아 있습니다. 아이는 가베로 점과 면, 입체를 만지며 세계를 짓습니다. 그리고 제13작업 '선 그리기'로 그 세계를 평면 위의 기하 언어로 다시 씁니다.

그 과정에서 아이 안에는 '어디까지가 멀고, 무엇이 더 길고, 어떤 모양이 균형 잡혀 있는지'를 재어 보는 보이지 않는 자, 즉 자기만의 내부 기준선이 생겨납니다. 이 기준선은 훗날 좌표와 함수, 그래프를 만날 때뿐 아니라, 복잡한 문제 앞에서도 아이를 다시 중심으로 돌아오게 하는 든든한 내적 도구가 됩니다.

Section 1

한눈에 정리

- **가베 '따라 만들기'는 평생 가는 비교 · 대응 · 점검의 연습이다.**

  선생님 건축물과 아이 작품을 한 칸씩, 한 층씩 짝지어 보는 경험은 나중에 식과 식을 나란히 놓고 "어디서 잘못 옮겨졌지?"를 찾는 눈, 즉 방정식 풀이와 오답 점검의 직관으로 이어집니다.

- **무너지고, 다시 쌓고, 구조를 바꾸는 경험은 예측–오차–조정 회로를 키운다.**

  이준이의 소방차처럼, 같은 블록으로 전혀 다른 구조를 다시 설계해 보는 과정에서, 아이가 '이 방법으로는 안 되네.'를 인정하고 '그럼 어떻게 바꿀까?'를 고민하는 실행 기능과 메타인지, 성장 마인드셋을 몸으로 익혀 갑니다.

- **모눈 위의 선 하나가 '보이지 않는 자'가 된다.**

  선을 반복해 그리며 길이를 어림하고, 대각선을 그리며 '같은 칸 수라도 대각선이 더 길구나.'를 느끼는 경험은 나중에 분수 · 비 · 피타고라스 정리, 좌표와 그래프를 만났을 때 아이를 도와주는 내부 기준선이 됩니다.

생각을 여는 질문 가이드

❶ 가베 건축물 따라 만들기 놀이를 할 때

선생님(부모)의 건축물에서 이 블록은 어디에 있어? 네 작품에서는 어디에 있어 보이니?

이번에는 네가 만들면 선생님(부모)이 따라 해 볼게. 만들어 볼래?

❷ 블록이 자꾸 무너질 때

왜 자꾸 여기에서 넘어질까? 어디를 다시 놓으면 좋을까?

지금 방법 말고, 완전히 다른 방법으로 만든다면 어떻게 해 볼 수 있을까?

❸ 선 그리기 · 어림 활동을 할 때

'딱풀'의 길이는 어느 정도 돼 보여? 눈에 보이는 길이만큼 모눈종이에 그려 보자.

8가베 가장 긴 막대보다 작은 물건 다섯 가지 찾아서 키 재기 할까?

SECTION 2

해체와 재구성,
창조의 규칙

1

쪼개고 붙이며 다시 짓는 세계

작업가베와 기하 감각

'퍼즐을 주는 것'과 '퍼즐을 만드는 것'의 차이

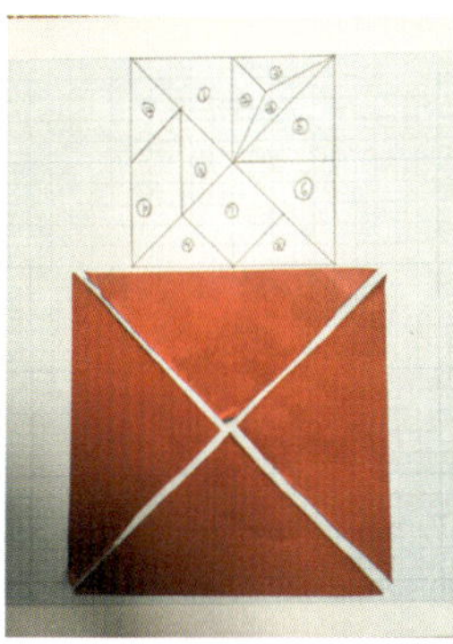

그림 44 자르기

그림 45 퍼즐 맞추기

자르기 활동은 어디서 시작하느냐에 따라 생각의 깊이가 달라집니다. 완성된 퍼즐을 받으면 '어떻게 맞추지?'부터 고민하게 되지만, 종이를 접고 자르는 데서부터 출발한 아이는 조각이 어떻게 생겨났는지를 먼저 생각하게 돼요. 이 차이는 '조작하는 손'과 '설계하는 손'의 차이입니다.

제16작업 '자르기 · 붙이기' 활동에서 아이는 색종이를 접고, 그 선을 따라 가위질을 하며 오교부터 칠교, 십이교 퍼즐을 직접 만들어 봅니다. 어느 꼭짓점을 어디에 맞춰야 도형이 생기는지, 머릿속에 가상의 선을 그리며 설계하지요. 그렇게 잘라진 조각들을 이번에는 정사각형이 되도록, 잘랐던 순서를 거꾸로 되짚어 보는 역순 사고를 해 봅니다. 이런 사고 훈련은 수학적 추론의 중요한 바탕이 됩니다.

6세 하은이는 처음 오교를 만들 때 종이를 어디서 잘라야 할지 몰라 한참을 망설였어요. 선을 따라 자르긴 했는데, 조각이 5개가 아니라 6개가 나와 버렸습니다.

"어? 이상하다. 다시 해 볼래요."

하은이는 새 종이를 꺼내 다시 접기 시작했어요. 몇 번의 시도 끝에 하은이는 드디어 삼각형과 사각형 퍼즐 다섯 조각을 만들어 냈습니다.

이번에는 반대로 원래 모양으로 맞춰보는 활동을 합니다. 자른 조각들을 이리저리 돌리며, 정사각형으로 다시 맞추기 시작해요. 쉬워 보여도 처음 모양을 찾는 것은 쉽지 않았습니다. 이때부터는 생각해 볼 수 있게 질문을 해 줍니다.

"하은아, 처음에 어떻게 접었었는지 생각해 봐. 이 모양은 어디를 접어서 잘랐지?"

이 말을 듣자 하은이의 손이 바빠지기 시작했습니다. 자신이 잘랐던 방향과 위치를 차분히 생각하고 역순의 모양을 기억해 냈던 것이지요.

"선생님, 이거 완성했어요!"

하은이의 얼굴에 뿌듯함이 번졌습니다. 이런 경험이 반복되면서 하은이의 손에는 '어디를 접고, 어디를 잘라야 하는지'에 대한 감각이 조금씩 쌓입니다. 그래서 어느 순간, 오교나 칠교도 설명 없이 스스로 만들어 보게 되지요.

계획하고, 예측하고, 실행하고, 점검하는 손

아이들은 자르기 활동을 하며 결과를 미리 예측합니다. '이 선을 여기까지 연장하면 삼각형이 2개 생기겠지?', '여기를 먼저 자르면 저 모양을 못 만들지도 몰라.' 이런 생각을 하며 조각을 계획하고, 실제로 실행해 봅니다. 다 만든 뒤에는 전체 구조를 다시 살피며 점검해요.

계획 → 예측 → 실행 → 점검

이 순환은 단지 자르기 활동에만 머물지 않습니다. 거의 모든 가베 활동에서 반복되는 기본적인 사고의 흐름이에요. 이 흐름이 반복될수록 아이의 신경회로는 더 정교하고 넓게 연결되어 갑니다. 자르기와 칠교 활동을 많이 해 본 아이일수록 도형 문제를 만났을 때도 달라요. 한눈에 답을 찾기보다 문제를 잘게 쪼개어 보고, 조각과 조각 사이의 관계를 유추하며 구조적으로 접근합니다.

'이 조각은 어떤 모양을 자른 부분일까?', '이 부분과 저 부분은 넓이가 같을까?'

이렇게 쪼개고 비교하는 과정 속에서 아이는 문제 해결력을 키워 가지요.

가정에서도 색종이 한 장이면 그대로 수학 놀이가 됩니다. 사고력 문제집보다 아이와 함께 종이를 접고 자르는 과정이, 아이의 사고를 실제로 움직이는 시간입니다.

"어디를 자르면 이런 모양이 나올까?", "이 조각은 어디에 들어갈까?" 같은 질문만으로도 아이의 손과 생각은 동시에 움직이기 시작합니다.

퍼즐을 맞추든, 작품을 만들든 중요한 것은 결과가 아니라 그 사이에 오간 생각의 흐름입니다. 그렇게 쌓인 손의 경험은 논리와 창의를 따로 가르치지 않아도 자연스럽게 함께 자라게 합니다.

2

칠교 놀이가 키우는 같은 넓이 감각

다르게 생겼는데… 같은 넓이?

그림 46 칠교

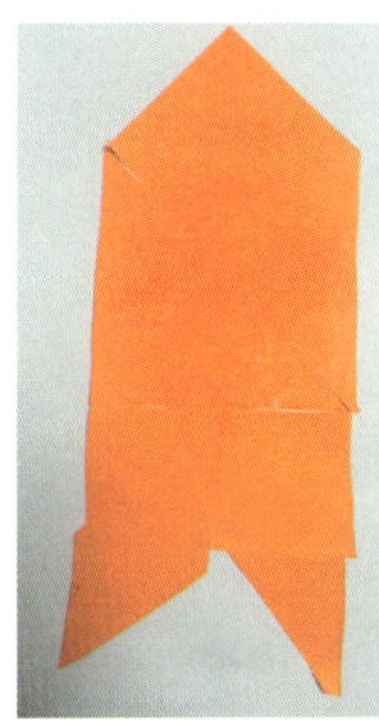

그림 47 로켓

앞 절에서 아이는 스스로 자른 칠교 조각으로 퍼즐을 만들었습니다. 이번에는 그 조각들을 가지고 배를 만들고, 로켓을 만들고, 나비와 집도 만들어 봅니다. 모양은 매번 달라지지만, 책상 위의 조각은 늘 같은 7개입니다.

여러 작품을 나란히 놓아 보던 아이는 어느 지점에서 흥미로운 사실을 알아차립니다. 분명 다른 모양인데도, 어떤 작품에서도 조각이 남거나 모자라지 않는다는 점입니다. 정사각형보다 로켓이 더 길어 보여서 넓을 거라 짐작했던 아이는, 이쯤에서 고개를 갸웃하게 되지요.

"이렇게 다르게 생겼는데… 모두 똑같은 색종이네?"

같은 정사각형 색종이가 서로 다른 모양이 되었지만, 크기는 같다는 사실을 아이는 눈으로 확인합니다. 이렇게 쌓인 경험이 바로 '면적 보존'의 감각이 됩니다.

조각을 넘어서, 수학 개념으로

칠교 조각을 자르고 모양을 만들다 보면, 아이는 조각들 사이의 관계를 스스로 발견합니다. 큰 삼각형 하나는 작은 삼각형 4개와 같고, 중간 삼각형 하나는 작은 삼각형 2개, 또는 정사각형이나 평행사변형과 같은 크기라는 걸 눈으로 확인하게 돼요.

"이 두 삼각형은 크기도 모양도 똑같아요."
"이건 생긴 건 같은데 2배로 더 커요."

이 말 속에는 이미 '합동'과 '닮음'의 감각이 담겨 있어요. 비록 용어는 몰라도, 조각을 합치고 돌려보며 스스로 수학적 감각을 키워낸 것이죠.

이런 조각 간의 관계를 반복해서 경험하면, '크기는 다르지만 합치면 같아진다', '여러 개가 모이면 하나가 된다'는 부분과 전체의 감각이 다져집니다. 이 감각은 분수, 넓이, 비율 개념을 배울 때 혼란을 줄이고 자신감을 갖게 해 줘요.

무엇보다 중요한 건, 이런 판단이 설명이나 용어에서 시작되지 않는다는 점입니다. 교사가 알려 주기 전에, 아이가 먼저 '똑같네.', '조금 다르네.'를 느껴보는 경험이 핵심이에요. 프뢰벨도 말했듯이, 개념은 설명이 아니라 경험에서 자라납니다.

생각을 움직이는 손

같은 조각으로 다른 모양을 여러 번 만들어 본 아이는, 점점 '어떻게 생겼는가'보다 '어떻게 구성됐는가'를 보기 시작합니다. 조각이 어떻게 흩어져도 다시 맞춰질 수 있다는 경험이 쌓이면, 바뀌는 모습에도 낯설어하지 않고 구조를 끝까지 따라가 보게 돼요.

칠교 놀이는 아이에게 '정답 찾기'보다 '구조를 관찰하는 눈'을 남깁니다. 달라 보이는 것 속에서도 같음을 찾는 사고방식이 자연스럽게 자리 잡지요.

이 시선이 중학교 수학으로 이어질 때, 아이는 삼각형의 조건과 관계를 새로운 규칙으로 받아들이기보다, 익숙한 방식으로 도형을 다시 바라보게 됩니다. 손으로 조합하며 쌓아 온 감각은 도형의 조건을 하나씩 짚어 보고, 차분히 관계를 살피는 태도로 이어집니다.

3

칠교와 가베로 경험하는 피타고라스 정리

퍼즐을 맞추는 과정을 거치며, 아이의 손끝 경험은 교과서 속 피타고라스 정리로 자연스럽게 이어져요. 소윤이는 색종이 조각을 돌리고 붙이며 퍼즐을 완성하고 있습니다. 이 활동 속에는 아직 공식이 등장하지 않지만, 이미 '$a^2+b^2=c^2$'라는 관계를 받아들일 준비가 차곡차곡 쌓이고 있지요. 소윤이는 모눈종이에 7가베의 직각이등변삼각형과 직각부등변삼각형을 그립니다.

그림 48 직각 이등변 삼각형

그림 49 퍼즐 맞추기

그림 50 직각 부등변 삼각형

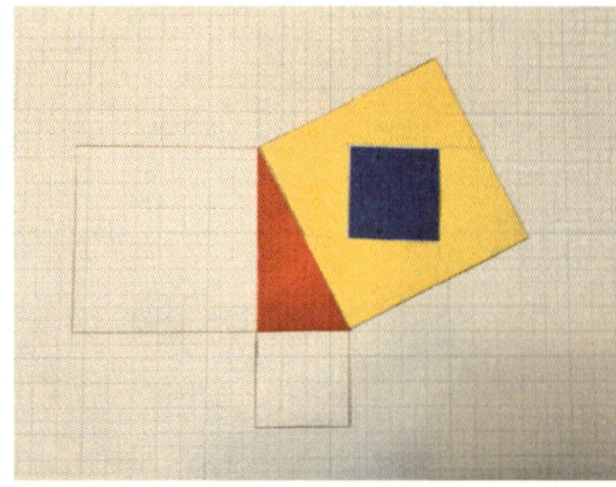
그림 51 퍼즐 맞추기

직각삼각형의 세 변의 길이에 맞추어 각각 정사각형을 그립니다. 그리고 작은 두 정사각형에 선을 긋고 자른 뒤, 퍼즐 조각을 만들어 봅니다. 이렇게 만든 조각들을 큰 정사각형 안에 옮겨 맞춰 보는 시간이 이어집니다. 퍼즐은 한 번에 들어맞기도 하고, 몇 번을 돌려야 맞는 경우도 생깁니다. 한참을 조합하던 소윤이는 어느 순간 눈을 반짝입니다.

"어? 이쪽 사각형 퍼즐들을 다 옮기니까, 진짜 큰 정사각형에 딱 맞아요."

"맞아. 이게 바로 피타고라스 정리야. 이제 이 사각형들의 크기를 숫자로 바꿔 볼까?"

소윤이는 자신이 그린 정사각형의 넓이를 계산하기 시작합니다. 도형을 숫자와 기호로 옮겨 가는, 수학적 기호화의 과정입니다.

$$(3cm \times 3cm) + (4cm \times 4cm) = 5cm \times 5cm$$

$$9cm^2 \quad + 16cm^2 \quad = 25cm^2$$

아이 손에 있던 조각이 어느 순간 숫자가 되고, 숫자는 다시 수학의 공식으로 전환됩니다. 이 전이는 단순한 계산이 아니라, 눈과 손이 기호의 의미를 이해하는 과정입니다. 소윤이는 공식을 외운 것이 아니라, 그려 보고, 자르고, 옮기며 그 관계를 손끝으로 느끼고, 눈으로 확인하며 이해한 것입니다.

직접 해 보며 이해하는 기억

중학교 2학년이 된 소윤이는 이렇게 말했습니다.

"다른 친구들은 피타고라스 퍼즐을 해 본 적이 없대요. 저는 어릴 때 해 봐서, 공식이 낯설지 않았어요."

같은 수학을 배우더라도, 소윤이에게 이 정리는 외워야 할 공식이 아니라 이미 한번 만들어 보았던 관계였습니다. 이런 경험은 소윤이만의 이야기가 아닙니다.

중학교 3학년 윤지는 피타고라스 정리를 처음 접했습니다. 그래서 공식을 암기로만 여겼어요. 하지만 직접 자르고 조합하는 활동을 거치며 관계를 이해하니 생각이 달라졌어요.

"맨날 외우기만 해서 지루했는데, 제가 만든 삼각형들에서는 항상 그 공식이 나와요. 그래서 훨씬 재미있어요. 어릴 때 미리 해 봤으면 좋았을 것 같아요."

같은 공식을 배워도, 무엇을 설명했는가보다 그 공식을 경험한 시간이 있었는가가 훨씬 더 중요합니다. 그 시간이 쌓일수록 수학의 문자 기호를 넘어, 기억과 감각에 남아 있는 살아 있는 개념이 됩니다.

손으로 확인하는 수학, 몸으로 이해하는 정리

이 활동의 핵심은 공식을 설명하는 데 있지 않습니다.

아이에게 "이게 피타고라스 정리야."라고 말해 주기 전에, 손과 눈이 먼저 그 관계를 만나게 한다는 데 있습니다. 아이들은 조각을 자르고 옮기며 관계를 비교합니다. 그다음, 모눈 위에 삼각형과 정사각형을 그리며 그 관계를 다시 정리하지요. 그리고 마지막에야, 여러 번 경험했던 장면이 '$a^2 + b^2 = c^2$'라는 하나의 공식으로 정리됩니다.

이 흐름은 외워서 따라가는 순서가 아닙니다. 아이는 놀이 안에서 손으로 확인하고, 눈으로 돌아보고, 다시 손으로 점검하며 생각의 층위를 오르내립니다. 그래서 이해는 느릴 수 있어도, 쉽게 사라지지 않습니다.

제16작업 '자르기 · 붙이기'로 시작된 칠교와 피타고라스 활동은 공식을 학습하는 시간이 아닙니다. 감각이 먼저 오고, 관계가 따라오고, 공식은 그 끝에서 자연스럽게 정리됩니다.

4

교실과 집을 잇는 손 경험 수학

한 시간 수업을 하나의 이야기로 짜기

40분 수업이라면 여러 개념을 한꺼번에 다루기보다, 한 가지 개념을 깊이 탐구하는 편이 훨씬 효과적입니다. 자르고 고쳐 보고 다시 접고 조각을 바꾸는 과정을 충분히 거칠수록 아이의 사고는 자연스럽게 깊어집니다.

제16작업 '자르기 · 붙이기'의 한 장면을 예로 들어 보겠습니다. 첫 10분 동안 아이는 7가베의 평면도형으로 눈사람, 눈썰매, 집 등을 자유롭게 구성해 봅니다. 이때 교사는 결과를 평가하기보다, 아이가 만든 작품을 말로 풀어낼 수 있도록 생각을 여는 질문을 건넵니다.

"와, 이 모양은 어떤 생각으로 만든 거야?"
"이 눈썰매는 어디로 내려가는 것 같아?"

그림 52 눈 내리는 크리스마스

이런 질문을 통해 아이는 자신이 한 선택과 구성을 다시 돌아보고 손으로 만든 경험을 말로 정리하기 시작합니다.

중간 20~30분은 자르기 · 붙이기 활동에 집중합니다. 앞 절에서 소개한 오교, 칠교 놀이나 대칭 무늬 자르기, 선 자르기 등 다양한 활동이 이 시간에 이루어집니다.

"이 종이를 다섯 조각으로 나누려면 어디를 접어서 잘라야 할까?", "이런 무늬가 나오려면 어떻게 접어야 할까?"처럼 결과를 미리 떠올려 보게 하는 질문을 던지기도 하고, 자유롭게 접고 잘라서 펼쳤을 때 나타나는 무늬를 관찰하게 합니다.

활동이 끝나면 "어떻게 이런 모양이 만들어졌을까?"라고 질문합니다.

아이가 자신의 경험을 말로 풀어 보며, 손의 경험은 놀이에서 언어로 정리되는 시간으로 이어집니다.

중요한 것은 1시간 안에 모든 활동을 다루려 하지 않는 것입니다. 오교면 오교, 대칭 자르기면 대칭 자르기—하나의 활동에 충분히 머무르는 편이 낫습니다. 충분히 익었다고 판단될 때 다음 난이도로 넘어갑니다.

예를 들어 1회차에는 7가베 평면 구성 놀이와 오교 만들기, 또는 오교 구성 놀이에 집중합니다. 2~3회차에 아이의 손이 충분히 익었다면 칠교 자르기나 칠교 구성 놀이로 확장하며 점진적으로 난이도를 높여 갑니다. 아직 손에 익지 않았거나 이해가 충분하지 않다면, 같은 활동을 여러 회차에 걸쳐 반복해도 괜찮습니다. 반복은 지루함이 아니라 경험이 몸에 스며드는 시간입니다.

마지막 10분은 오늘의 활동을 정리하는 시간입니다. 아이가 만든 여러 작품을 함께 살펴보며, 무엇이 달랐고 무엇이 같았는지, 어떤 선택이 인상 깊었는지를 다시 짚어 봅니다.

교과와 자연스럽게 엮는 통합 수업

자르기와 칠교 활동은 수학 수업에만 머물 필요가 없습니다. 구성하기 시간에는 같은 7가베 도형으로 감정을 표현해 볼 수도 있습니다.

"슬플 때는 조각을 어떻게 놓고 싶니?", "기쁠 때는 어떤 모양이 떠오르니?"라는 질문에 아이는 형태를 통해 감정을 구성해 볼 수도 있습니다. 논술로 잇고 싶다면 7가베로 만든 작품에 제목을 붙이거나 짧은 문장을 써 보며 언어로 옮기는 연습을 합니다.

작업가베로 활동하고 싶다면 제18작업 '판지 공작' 활동 중 포장 상자를 잘라 전개도를 만들어 볼 수도 있습니다.

교실과 집에서 무엇을 관찰할까

교실에서는 같은 칠교 조각으로 만든 여러 작품을 비교하며 "이 친구는 조각을 이렇게 썼네.", "방향을 바꾸면 어떤 모양으로 변해?"처럼 이야기를 통해 아이들은 서로 어떤 방식으로 만들었는지 관찰해 봅니다.

가정에서도 색종이와 가위, 연필만으로도 가능합니다. 이 시간에 중요한 것은 속도나 완성도가 아니라 대화의 흐름입니다. "이렇게 자르면 몇 조각이 나올까?", "다른 모양으로 바꾸려면 어떻게 해야 할까?" 같은 질문을 하며, 아이가 스스로 길을 찾도록 기다려 주세요. 부모가 대신 접고 잘라 줄수록 아이는 결과만 보게 됩니다.

이 활동에서 진짜로 관찰해야 할 것은 작품의 완성도가 아닙니다. 자르기 전에 눈으로 길을 더듬는지, 조각이 맞지 않을 때 다른 방법을 시도해 보려 하는지, 완성 후에 스스로 차이를 말로 설명할 수 있는지 살펴보세요. 이런 작은 장면 속에서 아이의 사고는 면적 보존과 형태 변환을 이해하고, 생각을 조절하며 되돌아보는 힘으로 자라나고 있음을 확인할 수 있습니다.

Section 2
한눈에 정리

- **자르기는 나누어 다시 만드는 연습이다.**

  한 장의 정사각형을 오교 · 칠교 · 십이교로 자르고 다시 맞추는 경험 속에서 아이는 모양은 달라져도 양은 그대로라는 면적 보존과 구조 감각을 몸으로 익힙니다.

- **'같은 넓이, 다른 모양'이 등가 · 분수 · 비례의 바탕이다.**

  칠교판을 정사각형, 집, 배, 새로 바꾸어 가며 채워 보는 동안, 아이는 겉모습이 달라도 안에 담긴 양은 같을 수 있다는 감각을 자연스럽게 갖게 됩니다.

- **피타고라스 정리는 공식이 아니라, 아이가 직접 확인해 보는 관계이다.**

  직각삼각형 세 변에 붙인 정사각형을 잘라 옮기며 '작은 정사각형 둘의 넓이 합 = 큰 정사각형 넓이'를 스스로 발견한 뒤, 마지막에 $a^2 + b^2 = c^2$라는 이름만 붙여 주면 됩니다.

- **한 번 수업에는 한 개념만 깊게, 교과는 옆으로 넓게 연결한다.**

  40분 수업에서 7가베 평면도형 → 오교 · 칠교 자르기와 구성까지만 해도 충분합니다. 여기에 짧은 말 · 그림 · 질문을 얹으면 수학 · 미술 · 논술 · 과학이 한 활동 안에서 자연스럽게 엮입니다.

생각을 여는 질문 가이드

❶ 자르기 활동을 시작할 때

이 종이를 네가 마음대로 나눈다면, 몇 조각으로 나누고 싶어?

여기를 자르면 어떤 모양이 나올 것 같아? 머릿속으로 먼저 한번 그려 볼래?

❷ 같은 넓이, 다른 모양을 살펴볼 때

이 두 모양, 생긴 건 다른데 왜 서로 똑같다고 생각해?

조각을 그대로 두고 자리만 바꿔서, 아까랑 완전히 다른 모양을 만들 수 있을까?

❸ 칠교와 피타고라스 활동을 할 때

두 작은 정사각형 넓이를 합치면, 진짜로 큰 정사각형을 꽉 채울 수 있을까?

다른 크기의 직각삼각형으로 바꿔도, 이 관계가 계속 나오는지 우리가 직접 시험해 볼까?

❹ 활동을 마무리할 때

오늘 만든 모양들 중에서, 정사각형이랑 넓이가 같을 것 같은 건 뭐야?

처음에 생각했던 거랑 실제로 해 보니까 뭐가 달랐어?

SECTION 3

쌓여가는 입체,
넓어지는 상상력

1

물 한 컵으로 시작하는 부피 수업

원기둥, 구, 원뿔 사이의 3:2:1 비율은 단순한 공식이 아닙니다. 가베의 입체 도형을 만지고 굴리며 시작된 손의 탐구는 물을 붓고 비교하는 작은 실험으로 이어집니다. 이 과정에서 아이는 '비율'과 '관계'라는 수학의 언어를 몸으로 익힙니다.

보이지 않는 부피를 먼저 만나다

먼저 OHP 필름지로 투명한 원기둥과 원뿔을 만들어요. 이때 반지름과 높이는 2가베의 구와 똑같이 맞춥니다. 이전까지가 2가베 구와 원기둥, 정육면체의 겉모양을 살펴보는 단계였다면, 이번 활동은 도형 속 '빈 공간'까지 들여다보는 경험입니다.

아이들과 함께 투명 원기둥 안에 투명 원뿔과 2가베의 구를 겹쳐 관찰해요. 세 도형의 반지름과 높이가 같다는 사실을 한눈에 확인하기 위해서입니다. 이어서 구와 원뿔이 겹쳐진 모습을, 관찰한 그대로 모눈종이에 옮겨 그려 봅니다. 아직은 단순한 그림처럼 보이지만, 아이들은 곧 그 안에 숨어 있는 구조를 발견하게 됩니다.

그림 53 OHP필름으로 만든 입체 도형

이제 질문을 해 봅니다.

"이 세 도형이 모두 물통이라면, 어떤 물통에 물이 제일 많이 들어갈까? 또 어떤 물통에 제일 적게 담길까?"

대부분의 아이들은 원기둥을 가장 큰 물통으로, 원뿔을 가장 작은 물통으로 선택합니다. 간혹 구를 고르는 아이도 있지만 중요한 건 정답이 아니라 예측입니다. 아이는 자기 나름의 추측을 갖고 실험에 들어갑니다.

먼저 원뿔에 물을 가득 채운 뒤, 조심스럽게 원기둥에 부어 봅니다. 한 번, 두 번, 세 번째를 부었을 때 비로소 원기둥이 가득 찹니다. 아이는 자연스럽게 말합니다.

"원뿔 세 컵이면 원기둥에 가득 차요!"

아직 수식은 등장하지 않았지만, 3:1이라는 관계는 이미 감각으로 각인됩니다. 중학생이 되었을 때 교과에서 '원뿔의 부피=$1/3\pi r^2h$'이라는 공식을 만나면, 아이는 기호보다 이 경험을 먼저 떠오를 것입니다.

물을 붓지 않아도 알 수 있는 것

그렇다면 구는 어떨까요? 구는 원기둥이나 원뿔처럼 속이 빈 용기로 만들기 어렵습니다. 물을 부을 수도 없지요. 그러나 이 불편함이 오히려 추론의 기회가 됩니다. 저는 아이들에게 이렇게 묻습니다.

"얘들아, 원뿔이 한 컵이지? 그리고 원뿔로 세 번 부으니까 원기둥이 딱 채워졌지? 그럼 같은 크기의 구라면, 원뿔로 몇 번 정도 부어야 찰 것 같아?"

아이들은 잠시 생각합니다. 원뿔은 1, 원기둥은 3. 구는 그 사이 어딘가일 것 같습니다.

"중간쯤이요.", "두 번이요."라는 대답이 나옵니다. 교사는 종이에 원기둥을 그리고 세 칸으로 나눈 뒤 다시 묻습니다.

"지금 상상한 양은 이 세 칸 중 어디쯤일까?"

아이들은 머릿속으로 선을 그려 보며 자연스럽게 약 3분의 2쯤이라는 표현에 도달합니다.

물을 붓지 않았지만 이미 확인한 관계를 바탕으로 스스로 답을 만들어 냅니다.

이 짧은 탐구 속에서 세 도형의 관계가 정리됩니다.

원기둥 : 구 : 원뿔 = 3 : 2 : 1

이때의 3 · 2 · 1은 단순한 숫자가 아닙니다. 아이가 직접 보고, 손으로 옮기며, 머릿속으로 추론해 본 살아 있는 비율입니다.

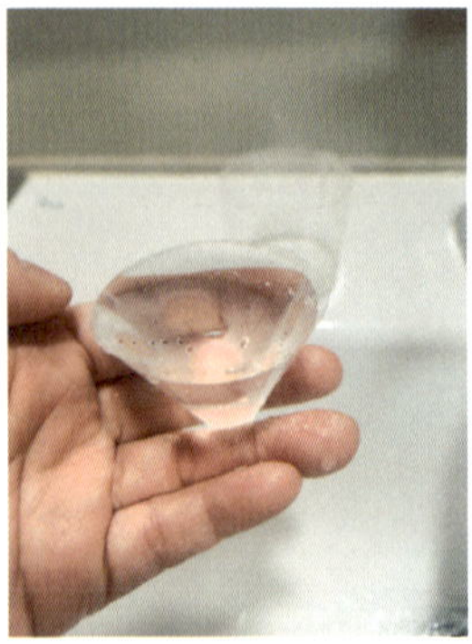

그림 54 원뿔 1

→

그림 55 원기둥의 1/3

→

그림 56 원기둥의 2/3

→

그림 57 원기둥의 3/3

이제 도형의 모양과 물의 움직임을 연결해 볼 수 있습니다.

"원기둥은 아래에서 위까지 올라가는 동안 바닥의 모양이 같아요. 그래서 물이 많이 들어가고, 원뿔은 위로 갈수록 점점 좁아져서, 위쪽에 물은 조금만 들어가요."

아이는 단순한 모양을 넘어, 공간이 어떻게 쌓이고 줄어드는지 그 구조를 읽기 시작합니다.

교사는 아이에게 조금 더 구체적으로 설명해 줍니다. "원기둥은 바닥 단면이 그대로 위로 쌓이는 그릇이고, 원뿔은 층이 올라갈수록 단면이 줄어드는 그릇."라고 말입니다.

더 나아가 보면, '단면이 쌓여 전체 부피가 된다'는 개념을 아이는 이미 경험과 감각으로 만나고 있는 중입니다.

교실을 넘어, 삶으로 이어지는 수학

이 경험은 교실 밖에서도 살아납니다. 음료수 캔을 볼 때, 교사나 부모가 "음료수 캔은 왜 정육면체가 아니라 원기둥 모양일까?" 같은 질문을 가볍게 던져 주면, 아이는 수업에서 느꼈던 모양과 부피의 관계를 다시 떠올립니다. 같은 반지름과 높이를 가진 도형 중 어떤 모양이 더 효율적인지, 어느 모양이 더 안정적인지에 대한 물리 · 과학적 질문으로 자연스럽게 이어지는 것이지요. 수학은 종이 위에서 푸는 문제가 아니라, 세상을 읽는 감각이라는 사실을 직관하게 됩니다.

교육은 결국, 아이가 자기 삶과 세계를 스스로 탐구할 수 있도록 옆에서 도와주는 일입니다. 그 시작은 멀리 있지 않습니다. 작은 물 한 컵과 3개의 도형, 그리고 아이의 손. 그 안에 이미 넓고 깊은 수학의 세계가 열려 있습니다.

2

관찰자에서 설계자로, 전개도 놀이

입체를 평면으로 펼치고, 다시 세워 보는 일. 그건 손재주가 아니라, 차원을 오가는 연습입니다. 종이가 상자가 되고 다시 펼쳐질 때, 아이는 평면과 입체 사이를 자연스럽게 오갑니다.

평면과 입체를 오가는 활동은 이후 기하와 대수 학습의 기초가 됩니다.

도형을 접고 펴며 형성된 머릿속 감각은, 문제를 구조로 이해하는 힘으로 이어집니다.

종이 한 장으로 상자를 세우는 순간

아이들과는 어릴 때부터 색종이로 다양한 다면체 접기를 많이 합니다. 같은 정육면체 상자라도, 접는 순서와 방식에 따라 아이가 머릿속에서 따라가는 사고의 흐름은 달라집니다. 선을 따라 접고, 모서리를 맞추는 순간. 종이가 세워지는 감각이 아이의 몸에 새겨집니다. 납작하던 종이가 벽을 세우고, 바닥을 만들고, 안팎이 나뉘는 걸 보는 사이, 아이의 시선도 달라집니다. 처음엔 단순히 예쁜 상자였지만, 곧 '어디를 먼저 접어야 할까?', '어떤 방향이면 정육면체가 될까?'로 관심이 옮겨갑니다.

그림 58

그림 59

'전개도'라는 말의 뜻을 모르더라도, 이미 손으로 그 구조를 만들고 있습니다. 입체는 위 · 앞 · 옆을 따로 그린 그림이 아니라, 종이 한 장이 접혀 만들어진 구조입니다.

"아, 아까 내가 접어서 세운 상자가 여기서 나온 거구나."

이런 경험을 한 아이에게 교과서의 전개도 문제는 정답을 찾는 일이 아니라, 몸에 남아 있는 입체의 기억을 다시 떠올리는 일이 됩니다.

관찰자에서 설계자로: 11세 진서의 전개도

11세 진서는 이제 상자를 직접 펼치는 데서 그치지 않습니다. 만들고 싶은 직육면체를 먼저 머릿속에 그린 뒤, 전개도를 스스로 설계합니다. 밑면의 가로 · 세로 칸 수, 옆면 높이의 길이를 확인하며 도면을 그립니다.

"이렇게 그리면 직육면체가 될 거예요."

처음 그린 전개도는 자주 어긋납니다. 접는 선의 길이가 서로 맞지 않아, 그대로 접으면 틈이 생기지요. 접으면 왜 틈이 생기는지, 어디를 얼마나 조절해야 하는지를 직접 확인하며, 길이와 면적은 공식이 아니라 몸의 기억이 됩니다. 어릴 때 진서가 상자의 모양을 이해하는 관찰자였다면, 11세의 진서는 원하는 형태를 스스로 설계하는 설계자가 되어 있습니다.

전개도 위에 짓는 집, 작은 건축 프로젝트

전개도에 익숙해지면 아이의 관심은 자연스럽게 상자에서 집으로 확장됩니다. 같은 상자라도, 중심 면과 날개의 위치에 따라 전개도가 달라진다는 걸 진서는 직접 그리며 확인합니다.

집을 구상하고 디자인하며 큰 도면에 설계도를 그립니다. 거실이 될 면, 창문이 뚫릴 벽, 출입구가 될 면을 표시해요. 지붕을 평평하게 둘 것인지, 한쪽으로 기울게 할 것인지에 따라 전개도의 설계도 함께 달라집니다.

그림 60 2층집 디자인

그림 61 전개도

그림 62 완성된 집

전개도를 바탕으로 집을 만드는 작업은 단순히 종이를 접는 일이 아닙니다.

진서는 각 층의 위치를 정하고, 1층 외벽을 먼저 세운 뒤 창문이 들어갈 자리를 잘라냅니다. 2층을 올릴 때는 아래 구조가 흔들리지 않도록 중심을 맞추고 지지대를 덧붙입니다. 지붕은 처음엔 뾰족하게 만들고 싶었지만, 경사각이 어렵겠다고 판단해 평평한 형태로 바꾸었습니다.

"선생님, 이렇게 만드니까 꼭 옥상 같아요."

한 면씩 연결해 가는 동안, 평면 위의 선은 점점 공간 구조로 바뀝니다. 머릿속에 있던 그림이 선과 면이 되어 손으로 세워지는 이 과정에서, 진서는 생각한 것을 스스로 판단하고 표현해 보는 경험을 쌓아 갑니다.

평면과 입체를 자유롭게 오가는 힘

색종이 한 장을 접고 펴며 시작되는 이 작은 차원 여행은 초등학교 6학년 수학의 입체 도형 · 전개도 단원, 중학교 1· 2학년 수학의 다면체 · 단면 · 결정 구조 단원으로 자연스럽게 이어집니다.

현장에서 아이들을 지켜보면, 전개도를 충분히 다뤄 본 아이는 입체를 어려운 도형으로 여기지 않습니다.

외워야 할 대상으로 바라보기보다, 펼칠 수 있고 다시 세울 수 있는 구조로 받아들이지요. 그래서 입체 앞에서 바로 멈추지 않습니다. 먼저 어떻게 펼칠 수 있을지, 어떤 선들이 만나 이 구조를 이루는지 천천히 떠올려 보려 합니다. 이때 아이의 머릿속에서는 문제를 푸는 공식보다, 한번 손으로 다뤄 보았던 구조의 기억이 먼저 움직입니다.

3

입체로 이해하는 공간의 확장

입체 도형을 평면으로 옮겨 그려 보는 입체 · 단면 그리기 활동과 OHP 필름지의 겨냥도 그리기 활동은 공간 사고 훈련입니다. 아이는 이 과정을 통해 하나의 입체 구조를 다양한 관점에서 바라보게 됩니다.

처음에는 성을 쌓기만 했던 아이도, 앞 · 뒤 · 오른쪽 · 왼쪽 · 위 · 아래를 따로 그려 보는 동안 시선이 자연스럽게 분해와 통합을 오가게 됩니다. 입체 도형은 단순한 계단이나 성이 아니라, 여러 면이 맞물려 구성된 구조물이라는 사실을 아이는 몸으로 배우기 시작합니다. 이 과정을 반복하다 보면, 공간 감각이 머릿속에 조금씩 형성돼요.

그림 63 4가베 계단

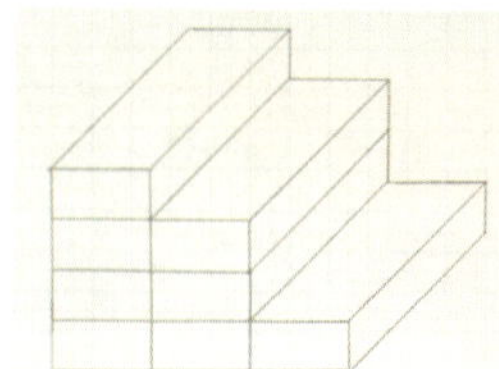

그림 64 입체 그리기

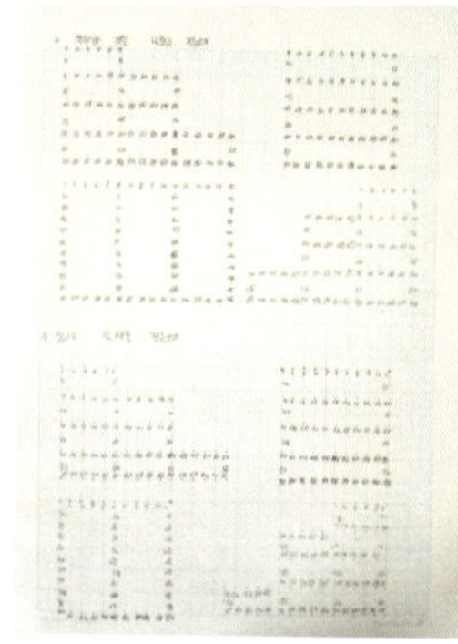

그림 65 단면 그리기

그림 66 성

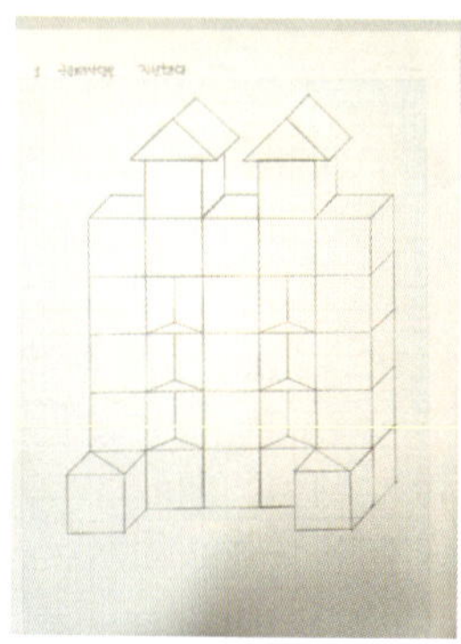

그림 67 입체 그리기

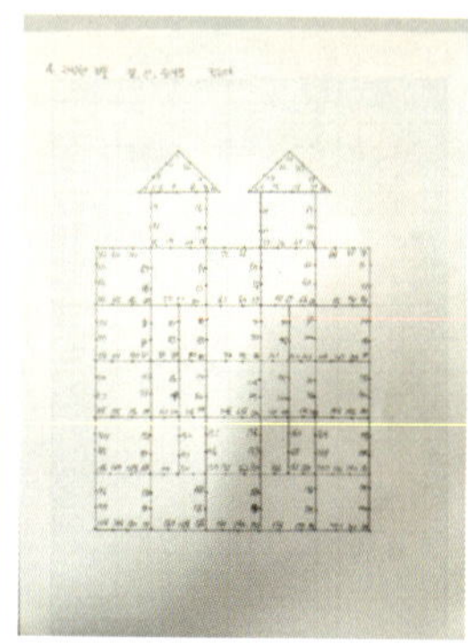

그림 68 뒷면 그리기

수학 가베 수업에서는 3·4·5·6가베로 간단한 계단이나 건물 모양을 만들고, 아이가 직접 각 방향에서 보이는 모습을 모눈종이에 옮겨 그려 봅니다. 처음에는 보이는 그대로 입체를 그리고, 다음에는 방향별로 점을 찍어 형태를 나누어 봅니다. 이어서 점마다 번호를 붙이고, 마지막으로 점을 선으로 연결하며 여섯 방향의 구조를 하나씩 인식하지요.

이 과정에서 아이는 같은 입체 도형을 여러 방향에서 관찰하며, 어디에서 무엇이 보이고 어떤 부분이 나오고 들어가는지를 비교하게 됩니다. 이러한 경험은 교과서 속 입체 도형 단원을 만났을 때, 2차원 평면을 넘어 3차원 공간으로 떠올릴 수 있는 기초가 됩니다.

겹쳐 본다는 것 눈에 보이지 않던 구조까지

사진은 5가베의 정육면체 도형을 입체 형태로 모눈종이에 옮겨 그린 그림입니다. 이번에는 이 그림을 OHP 투명 필름지에 하나씩 옮겨 그리고, 차례로 포개어 관찰합니다. 필름을 하나씩 겹쳐 보는 동안 입체에서는 가려졌던 모서리와 면이 드러나고, 아이는 도형을 단면이 아닌 또 다른 구조로 이해하기 시작해요.

그림 69 OHP필름 그리기

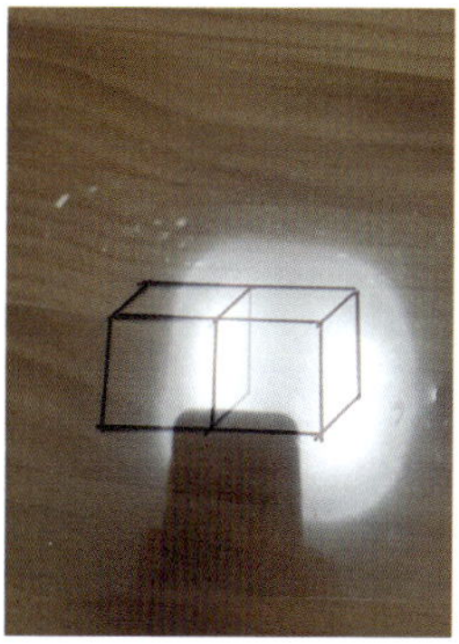

그림 70 겹쳐보기

그림 71

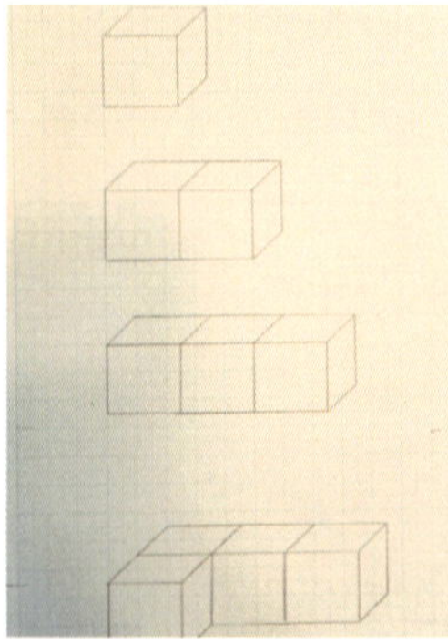

그림 72 쌓기 나무

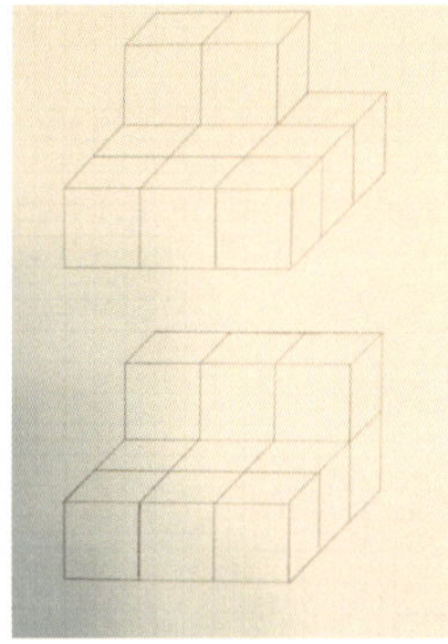

그림 73 입체그리기

아이들은 층별로 그린 필름지를 하나씩 올려가며 '여기 위에 뭐가 더 있지?', '이 면은 어디로 연결됐지?' 하고 스스로 구조를 추적해 갑니다. 평면에 그려졌던 선은, 이 과정을 거치며 머릿속에서 하나의 공간으로 전환돼요.

이 훈련은 단순한 그림 그리기가 아닙니다. 이후 수학에서 도형을 '눈으로만 보는 것'이 아니라 머릿속에서 장면을 돌려 보며 생각하는 힘으로 이어지는 중요한 경험이 됩니다.

겨냥도 활동은 부분 정보를 하나씩 쌓아 가며, 아이가 도형을 실제 공간처럼 회전하고 조작하는 내적 감각을 길러 줍니다.

입체를 그리던 아이가 어느 날 이렇게 말합니다.

"이거, 뒤에서는 이렇게 생겼을 걸요?"

그 말 속에는 도형이 아이의 머릿속에서 이미 움직이고 있다는 신호가 담겨 있어요. 단순한 선으로 그려진 도형도, 아이에게는 입체로 이어질 준비를 마친 그림처럼 보이기 시작합니다.

프뢰벨은 얇은 종이에 도형이나 무늬를 그리고 이를 포개어 보게 하며, 형태를 시각적으로 구성하는 감각을 길렀다고 전합니다. 오늘날 우리는 이 정신을 이어, OHP 투명 필름지와 모눈종이를 활용해 보이지 않는 구조를 상상하고 채우는 활동으로 확장하고 있어요.

입체 도형을 만들어 그리고, 다시 투명 필름에 겹쳐 보는 경험을 반복하면서 아이는 입체가 단순한 덩어리가 아니라, 층과 면이 연결된 하나의 구조라는 사실을 체화하며 이해하게 되지요.

그 과정에서 머릿속에는 도형을 회전하고 비교할 수 있는 내적 모델링 능력이 형성됩니다. 손에서 시작된 경험이 쌓이면, 아이는 그림만 보고도 보이지 않는 면을 예측하고 다른 방향의 모습을 떠올릴 수 있게 됩니다. 입체를 만지지 않아도 머릿속에서 다룰 수 있는 힘, 그것이 공간 감각의 본질입니다.

이러한 활동은 교실을 넘어 일상 속 관찰로 이어져요. 건물이나 계단, 놀이기구 같은 구조물을 볼 때도 보이는 면뿐 아니라, 그 반대편과 내부 구조까지 상상하게 되지요. 아이의 시선은 점점 '보이는 것 너머를 보는 눈'으로 확장됩니다. OHP 투명 필름지 한 장이지만, 그 위에 쌓인 반복적 경험은 아이의 머릿속에 3차원으로 사고하는 감각을 만들어 줍니다.

4

손으로 완성되는 입체 구조

1절에서는 물을 부어 보며 입체의 속을 읽었고, 2절에서는 상자를 접고 펴며 평면과 입체를 오갔습니다. 마지막 3절에서는 공간의 구조를 그리며 관찰했습니다.

이제 한 걸음 더 나아가, 결정체 활동에서는 입체를 지탱하는 보이지 않는 뼈대를 직접 다룹니다. 전개도가 '펴서 보는 수학'이라면, 결정체는 '접고, 조립하고, 세워 보는 수학'입니다. 이 과정에서 아이는 선과 면, 꼭짓점이 어떻게 만나 하나의 구조를 이루는지를 손으로 확인하게 됩니다.

입체의 구조를 손으로 배우다

그림 74 콩세공 각뿔 만들기

수학 가베 수업에서 결정체 활동은 대개 정육면체처럼 단순한 입체부터 시작합니다. 아이들은 제17작업 '콩세공'이나 유닛 종이접기 조각을 연결해,

면을 비워 둔 골조 형태의 입체를 만듭니다. 그러면 "여기 점은 몇 개예요?", "이 줄은 몇 개예요?" 같은 말이 자연스럽게 나옵니다.

겉으로는 미술 놀이처럼 보이지만, 실제로는 꼭짓점(점) – 모서리(선) – 면의 관계를 손으로 더듬는 시간입니다. 이후 '꼭짓점은 8개, 모서리는 12개'와 같은 설명을 만났을 때, 아이는 표 안의 숫자가 아니라 손으로 만져 본 골조 입체를 떠올립니다.

그림 75 축구공

그림 76 뾰족 십이면체

그림 77 비어 있는 다면체

어느 정도 익숙해지면 아이들은 더 복잡한 입체에 도전하기 시작합니다. 축구공처럼 오각형과 육각형이 섞인 구조, 별 모양의 다면체를 만들어 보지요. 조각을 하나씩 끼우다 보면 곧 이런 말이 나옵니다.

"여기는 5개가 한 점에 모여요."
"근데 이쪽은 3개만 모이네요."

겉모양은 비슷해 보여도, 한 점에 몇 개의 면이 모이느냐에 따라 전혀 다른 입체가 된다는 사실을 아이가 직접 깨닫게 됩니다. 이때부터 대상은 '예쁜 공 장난감'이 아니라, 대칭과 패턴의 규칙을 지닌 기하학적 구조로 인식돼요. 입체를 완성한 아이는 그것을 손에 들고 이리저리 돌려 봅니다.

"아까는 여기가 앞이었는데, 돌려 보니까 여기가 꼭대기 같아요."

이 말은 아이가 손으로 입체를 돌려 보며 구조의 방향성과 대칭을 스스로 탐색하고 있다는 신호예요. 눈으로만 보는 것을 넘어서, 손으로 구조를 바꿔 가며 직접 확인하는 감각이 자라나고 있는 것입니다. 도형을 놀이처럼 다루는 동안, 아이의 머릿속에서는 좌표를 세우고 구조를 비교하는 연습이 동시에 이루어집니다.

결정체 활동은 또 하나의 중요한 눈을 길러 줍니다. 겉모양이 아니라, 구조를 먼저 보는 눈입니다. 처음에는 누구나 '반짝이는 별'이나 '축구공처럼 생긴 공'에 목적을 둡니다. 그러나 만들기를 거듭할수록, 아이는 같은 크기의 조각이라도 어디에, 어떤 순서로 끼우느냐에 따라 입체의 형태와 안정성이 전혀 달라진다는 사실을 경험하게 됩니다.

과정 안에서 아이는 구조를 만드는 선택을 여러 번 시도해 봅니다. 색을 다르게 배치하거나, 일부 면을 더 연결해 보는 등 자신만의 방식으로 구조를 변주해 가지요. 누군가는 정다면체의 규칙을 충실히 따르고, 또 다른 아이는 일부를 변형해 새로운 입체를 만들어 냅니다. 이때 색종이 유닛들은 아이의 생각이 눈에 보이는 구조로 드러나도록 돕는 매개가 됩니다.

"선생님, 이 조각을 여기 말고 한 칸 옆에 끼우니까, 아까처럼 동그랗게 안 닫혀요."

"여기 위에 한 층을 더 올리려면, 밑에 삼각형을 더 많이 만들어야 할 것 같아요."

이런 말들이 나오기 시작했다면, 아이는 구조를 읽고 공간을 그려 볼 수 있는 힘을 충분히 갖추게 된 것입니다.

결정체에서 수학 공식까지

중학교 수학 시간에 아이들은 '꼭짓점 수 − 모서리 수 + 면의 수 = 2', 오일러 공식을 배우게 됩니다. 그런데 결정체 만들기 활동을 해 본 아이들은 이 숫자가 낯설지 않아요. 이미 손으로 만들어 본 감각과 기억이 공식이 무엇을 뜻하는지 직관적으로 이해하게 해 주기 때문이지요. 공식을 '암기'하는 것과 '몸으로 아는 것'은 완전히 다른 경험입니다.

그렇다고 꼭 수학 가베 수업을 받아야 하는 건 아닙니다. 가정에서도 쉽게 할 수 있는 방법이 있어요! 제17작업, '콩세공' 활동을 해 보세요. 이쑤시개와 찰흙, 또는 1cm 정도 크기의 작은 스티로폼 공만 있으면 됩니다. 아이와 함께 정육면체나 삼각뿔을 만들어 보며 이렇게 질문해 보세요. "꼭짓점이 몇 개 필요할까?", "모서리는 몇 개지?" 하나하나 세어보는 이 경험은 아이가 수학 시간에 이 공식을 마주했을 때, 숫자들을 훨씬 더 자연스럽고 친근하게 받아들이도록 도와줄 거예요.

결정체와 개성화의 만남

프뢰벨이 결정체를 중요하게 본 이유는, 아이 안에 고유한 구조와 리듬이 이미 숨어 있다고 믿었기 때문입니다. 바깥에서 만들어진 틀이 아니라, 안에서부터 자라나는 형태가 곧 '자기다움'이라는 것이지요. 이것이 프뢰벨이 말한 결정체의 의미입니다.

이런 생각은 심리학자 융(C. G. Jung)이 말한 개성화(individuation) 개념과도 닮아 있습니다. 융은 사람 안에 아직 말로 다 알 수 없는 큰 세계가 있고, 그 안에는 이미 '나답게 살아가는 힘'이 들어 있다고 보았어요.

인생은 그 힘을 찾아가는 과정이고, 교육도 마찬가지입니다.

결정체 수업은 그런 의미에서 '정답대로 만들기'가 아니라 '나답게 만들기'를 경험하는 시간입니다. 그 과정에서 아이는 자신이 선택한 방식이 구조 전체에 어떤 변화를 만드는지 스스로 확인합니다. 그 안에서 '나만의 구조'를 찾아가고 있는 거예요. 그렇게 손으로 만든 결정체는, 아이 안에 '나만의 구조'로 자리 잡습니다.

Section 3
한눈에 정리

- **입체 도형은 공식보다 경험이 먼저이다.**

  도형에 물을 부어 보며, 아이는 3:2:1 비율을 수식이 아닌 감각으로 익힙니다.

- **평면에서 입체로, 구조로 확장된다.**

  전개도와 결정체 활동은 단순한 모양을 넘어서 '세우는 구조'로 사고를 확장시킵니다.

- **겨냥도와 OHP 투명 필름지는 상상력을 입체로 바꿔 준다.**

  보이지 않는 면을 그려 보며, 머릿속에서 입체를 돌리는 3D 사고가 자라납니다.

- **구조를 보는 눈이 사고의 기반이 됩니다.**

  입체를 반복해 만든 아이는 형태 너머의 지지와 균형을 구분하는 감각을 키웁니다.

생각을 여는 질문 가이드

❶ 입체 탐구를 시작할 때

이 세 도형 중에 어떤 게 가장 많은 물을 담을 수 있을까?

원기둥 안에 원뿔 물을 몇 번 부으면 꽉 찰까? 한번 해 볼까?

❷ 전개도 활동을 할 때

이 종이를 접으면 어떤 모양이 될 것 같아?

네가 직접 상자를 설계해 본다면, 어떤 크기로 접고 싶은지 그려 볼래?

❸ 겨냥도와 OHP 투명 필름지 활동 중에

지금 만든 입체 도형을 위에서 보면 어떤 모양이 될까?

이 블록을 다른 방향에서 보면 어떻게 보일까?

❹ 결정체 만들기 시간에

여기에는 몇 개의 도형이 모여 있을까?

다른 친구랑 똑같은 재료로 만들었는데, 왜 완성된 모양은 다를까?

SECTION 4

반복과 규칙이 만드는 생각의 틀

1

되풀이 속의 창조

7세 아이들과 가베 수업을 하던 날, 정사각형 블록을 바닥에 늘어놓고 놀던 서진이가 하나씩 짚으며 말했습니다.

"선생님, 여기 1개, 여기 4개, 여기 9개… 점점 많아져요!"

서진이는 아직 '제곱수'라는 말을 배우지 않았지만, 1·4·9로 늘어나는 수의 흐름을 몸으로 읽어 내고 있었던 겁니다. 옆에 있던 은서도 "1개는 작은 정사각형, 4개는 더 큰 정사각형, 9개는 아주 큰 정사각형이에요."라고 덧붙이며 구조를 읽어 냅니다.

이 아이들이 자라서 1, 4, 9, 16, 25… 같은 숫자를 제곱수로 다시 만난다면, 그 수들은 공식이 아니라 손으로 만들던 정사각형의 기억으로 되살아날 겁니다.

정사각형에서 시작되는 '좋은 반복'

프뢰벨이 설계한 가베 놀이는 질서와 구조를 손 안으로 끌어들이는 도구입니다. 정사각형이 1×1, 2×2, 3×3으로 커질 때마다 블록 수가 제곱수로 늘어나는 그 경험은, '가로와 세로가 같을 때 생기는 특별한 수', 곧 '제곱수의 감각'을 자연스럽게 남깁니다.

"한 줄에 4개가 있으니까, 똑같은 줄이 네 줄 모이면 4×4구나."

종이에 적힌 a^2라는 기호보다, 정사각형이 반복되어 커지던 그 장면이 먼저 떠오르는 것이지요.

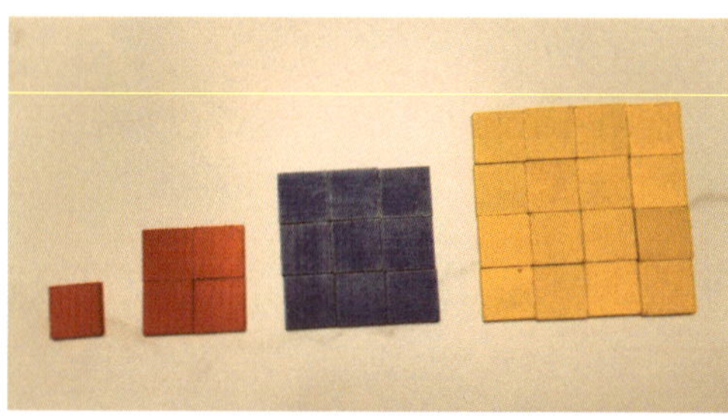

그림 78 규칙에 따라 커지는 정사각형

가베에서의 반복은 기계적인 반복과 다릅니다. 매번 조금씩 차이를 만들고, 아이가 스스로 변화를 느끼며 새로운 규칙을 찾아가는 '좋은 반복'이지요.

정사각형을 한 칸씩 키워 가는 동안 아이는 단순히 도형을 만드는 게 아니라, 넓어지는 세계를 경험합니다. '다른 도형은 어떤 규칙으로 늘어날까?', '이번엔 더 크게 만들어 볼까?' 손을 움직이는 동안 생각도 함께 커집니다.

정사각형이 커지며 남긴 수의 기억

그림 79

정사각형을 한 칸씩 키워 갈 때, 늘어난 조각들을 하나씩 따라가 보면 단순히 1씩 늘어난 게 아니라, 옆과 아래에 생긴 띠 모양의 블록과 모서리 하나가 더해졌다는 걸 눈으로 확인할 수 있습니다.

아이가 블록을 짚으며 "이만큼이 늘어났어요."라고 말할 수 있다면, 그 감각은

$(x+1)^2 = x^2 + 2x + 1$로 정리되는 완전제곱식의 구조로 연결될 수 있습니다. 수식이 아니라 공간과 구조로 먼저 만나는 거죠.

정사각형에서 출발한 이 반복 감각은 곧 직사각형으로 확장됩니다. 가로로 세 칸, 세로로 두 칸 블록을 붙이며 "여기에는 6개 있어요!"라고 말하는 순간, 아이는 단순히 수를 센 게 아니라 가로 × 세로의 구조를 직관적으로 깨달은 것입니다.

이런 경험은 '몇 줄이 몇 개씩 있으면 모두 몇 개일까?'라는 곱셈의 의미, 그리고 넓이의 감각으로 자연스럽게 이어집니다. 정사각형에서 직사각형으로, 아이는 응용하며 넓어지는 세계를 경험합니다.

수학 가베에서의 수학은 언제나 기호에서 시작되지 않습니다. 눈으로 보고, 손으로 다루며 공간의 흐름을 따라가 본 경험이 있을 때, 아이는 기호보다 구조를 먼저 떠올릴 수 있습니다. 그렇게 익힌 수학은 오래 남고, 스스로 확장될 준비를 갖추게 됩니다.

2

2개의 동일함, 하나의 구조

대칭의 언어

손으로 쌓으며 만나는 삼각형의 질서

파스칼 삼각형을 가베로 처음 만든 날이었습니다. 7가베 정삼각형 조각을 바닥에 한 줄, 두 줄, 세 줄로 쌓아 가며 아이들과 큰 삼각형을 만들었습니다. 맨 위에는 정삼각형 하나, 그 아래에는 셋, 그 아래에는 다섯이 놓이면서 점점 넓어지지요. 아이들은 별다른 설명 없이도 아래로 내려갈수록 삼각형이 2개씩 더 늘어나는 규칙을 금세 알아차립니다.

그림 80

이 삼각형을 이번에는 모눈종이 위로 옮겨 그립니다. 맨 바깥 변에는 모두 1을 적고, 안쪽 칸에는 "위에 있는 두 칸의 수를 더해서 써 보자."라고 제안합니다. 아이들은 위에서부터 차례대로 숫자를 채워 나갑니다. 어느새 '파스칼 삼각형'이라 불리는 수의 구조가 눈앞에 완성됩니다.

11세 정운이는 숫자를 적다가 잠시 멈추더니 말했습니다.

"선생님, 위에 있는 두 수를 더하면 아래 꼭짓점 수가 돼요. 1이랑 2를 더하면 3, 1이랑 3을 더하면 4, 3이랑 3을 더하면 6이에요!"

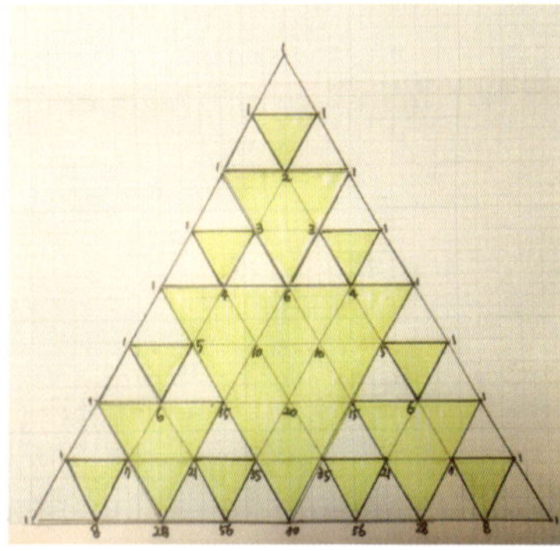

그림 81 파스칼의 삼각형

우리는 각 대각선 줄에 다른 색을 칠해 보았습니다. 바깥쪽에는 1이 쭉 늘어서고, 그 옆줄에는 1, 2, 3, 4, 5, 6, 7이, 또 그 옆줄에는 1, 3, 6, 10, 15, 21이 차례로 나타납니다. 정운이가 다시 말합니다.

"줄마다 규칙이 있어요! 바깥쪽은 계속 1이고, 그 옆은 하나씩 늘어나고, 또 그 옆은 더 크게 늘어나요."

왼쪽 대각선과 오른쪽 대각선이 서로 마주 보듯 같은 수를 이룬다는 사실이 한눈에 들어옵니다. 이것은 단순한 숫자 배열이 아니라 '대칭'이라는 수학의 언어입니다.

삼각형의 맨 바깥 줄에서는 항상 1이 반복되고, 안쪽에서는 위의 두 수가 만나 아래의 한 수를 만들어 냅니다. 서로 다른 자리에 있던 두 수가 힘을 합쳐 하나의 자리를 채우는 규칙—아이는 이를 손으로 경험하며 숫자 뒤에 숨어 있는 관계를 천천히 익혀 갑니다.

조금 더 큰 아이들과는 이 삼각형을 '경우의 수'라는 생각과 연결해 볼 수 있어요.

중학생 수진이는 설명을 듣고 한참 파스칼 삼각형을 들여다보다가 말했습니다.

"맨 위에서 출발해서 아래로 내려가는 길이 여러 개잖아요. 이 숫자가 그 길의 개수인 거 아니에요?"

수진이의 말은 파스칼 삼각형의 구조를 정확히 짚어 낸 표현이었습니다. 맨 꼭대기에서 출발해 왼쪽 또는 오른쪽으로 한 칸씩 내려간다고 생각해 보세요. 두 번 내려가면 3개의 자리가 있는 줄에 도착합니다. 가운데 칸에 도착하는 길은 '왼쪽–오른쪽' 또는 '오른쪽–왼쪽', 두 가지뿐이에요. 그래서 그 자리에 2가 적히는 것이지요. 파스칼 삼각형의 각 숫자는 그 자리에 도착하는 경로의 수를 나타냅니다.

이 숫자는 단순한 덧셈의 결과가 아니라 위에서 나뉜 선택들이 아래에서 다시 만나 하나로 모인 결과를 뜻합니다. 파스칼 삼각형에서는 선택의 흐름이 이렇게 하나의 수로 모입니다.

평면에서 입체로, 그리고 교과 수학으로

이제 같은 삼각형을 콩세공으로 쌓아 사면체를 만들어 봅니다. 정삼각형 모양의 층 위에 콩과 이쑤시개를 하나씩 얹어 가며, 점점 높아지는 입체 구조를 완성합니다. 종이에 그렸던 파스칼 삼각형이 이제 실제 입체 도형이 되어 눈앞에 세워집니다.

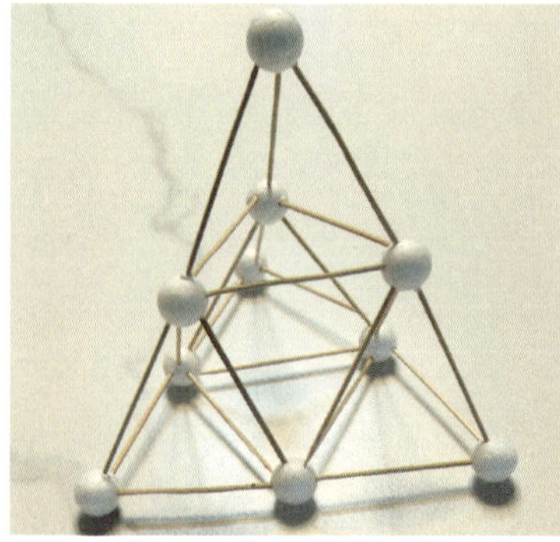
그림 82 콩세공 사면체

아이들은 사면체를 여러 방향에서 들여다보며, 평면에서 보던 대칭과 규칙이 공간 속에서도 살아 있음을 느낍니다. 2차원과 3차원이 서로 연결되어 있다는 사실을 손으로 직접 경험하는 것이지요. 숫자는 단순한 기호가 아니라, 공간을 이루는 언어로 확장됩니다.

파스칼 삼각형 자체는 교과서에 직접 등장하지 않지만, 이 활동에서 경험한 규칙 찾기, 대칭, 수의 관계는 초등학교의 규칙성과 수 패턴, 중학교의 식 전개, 고등학교의 경우의 수와 확률로 자연스럽게 이어집니다. 중학교에서 $(a+b)^2$을 전개할 때, 고등학교에서 ${}_nC_r$을 계산할 때, 아이는 문득 손으로 쌓았던 삼각형을 떠올릴지도 모릅니다. 공식이 아니라 경험으로 먼저 만났던 구조니까요.

3

규칙에서 자라는 사유의 씨앗

변수로 여는 추상적 세계

눈앞의 점에서 식으로 자라나는 생각

초등 5학년 이상 아이들과는 종종 도형 수 활동을 합니다. 모눈종이 위에 점을 찍어 정삼각형 모양을 만들어요. 맨 위에 점 하나, 그 아래에는 둘, 그 아래에는 셋을 놓아 삼각형을 채워 가는 식이지요.

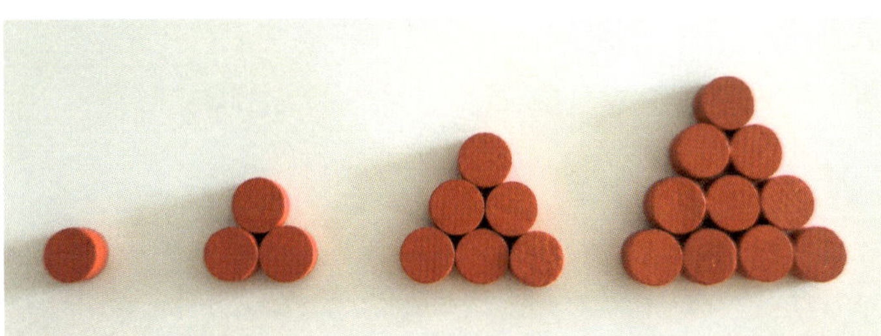

그림 83

"첫 번째 삼각형은 점 1개, 두 번째는 3개, 세 번째는 6개, 그다음은 10개네요. 줄마다 점이 1개씩 늘면서 삼각형 모양으로 쌓이기 때문이에요."

이렇게 해서 1, 3, 6, 10, 15…라는 '삼각수'가 생깁니다. 아이들은 먼저 하나하나 세어 보고, 곧 이런 질문을 던집니다.

"선생님, 열 번째 삼각형은 세지 않고도 알 수 있을 것 같아요."

이때 교사는 줄이 하나 늘어날 때마다 그 줄의 길이만큼 점이 더해진다는 점을 함께 짚어 줍니다. 아이는 '1+2+3+4+…를 더한 값이구나.' 하는 감각에 자연스럽게 다가가요.

아이는 점을 하나씩 세던 단계에서, 아직 눈에 보이지 않는 '열 번째 삼각형'을 상상하며 식을 떠올립니다. 뇌과학에서는 이런 '머릿속 그림 그리기' 능력이 수학적 사고의 핵심이라고 말해요.

눈앞의 도형이 숫자가 되고, 숫자가 공식으로 정리되면서 아이는 '□번째'처럼 어떤 수에도 적용되는 생각을 자연스럽게 받아들이게 됩니다. 이것이 바로 '변수'라는 개념의 씨앗이 자라는 순간이에요.

프랙탈이 여는 추상 세계

도형 수에서 아이는 '늘어나는 규칙'을 발견했습니다. 이번에는 '반복되는 규칙'을 만나 봅니다.

7가베 삼각형으로 하는 프랙탈 만들기 활동도 인기 있습니다. 정삼각형 하나에서 시작해, 각 변을 세 부분으로 나눈 뒤, 가운데 부분을 위로 뾰족한 삼각형으로 바꿔 봅니다.

그다음엔 새로 생긴 모든 선분에 다시 같은 방식으로 작은 삼각형을 만들어요. 이렇게 계속 반복하면, 점점 더 복잡한 눈송이 모양이 나타나지요. 9세 도현이는 말합니다.

"계속 붙이니까 점점 복잡해지는데, 가만 보면 다 똑같은 삼각형이 반복돼요."

이런 모양은 사실 자연 속에서도 자주 볼 수 있어요. 고사리 잎, 브로콜리, 나뭇가지, 심지어 강줄기까지도, 자세히 보면 큰 모양 안에 비슷한 작은 모양이 반복됩니다. 과학에서는 이런 구조를 '프랙탈'이라고 부르는데요, 부분이 전체와 닮아 있는 구조라고 생각하면 됩니다.

아이는 반복 속에서 질서와 패턴을 읽어 내는 감각을 키워 가고, 이 감각은 비례와 함수처럼 추상적인 관계를 이해하는 직관으로 자라납니다.

그림 84 선인장 자기 닮음

그림 85 코호 곡선

각도로 발견하는 테셀레이션의 비밀

도형을 붙이다 보면, 아이의 시선은 자연스럽게 '왜 어떤 건 붙고 어떤 건 안 붙을까?'로 옮겨 갑니다. 모양 전체보다 꼭짓점에서 만나는 각을 먼저 들여다보게 되지요. 이번에는 '각도'의 눈으로 살펴봅니다. 정삼각형, 정사각형, 정육각형은 빈틈없이 평면을 채울 수 있습니다. 그런데 정오각형은 왜 안 될까요?

정삼각형의 세 각을 오려서 붙여 보면 일직선이 되고, 정사각형은 한 바퀴가 딱 맞아요. 그런데 정오각형은 아무리 붙여도 어딘가가 모자라거나 넘쳐요.

아이들은 오려 붙이는 활동을 통해, 각의 크기가 모양에 어떤 영향을 주는지 몸으로 먼저 체험하게 됩니다. 수학 공식이 아니라, 직접 해 본 감각이 생각의 기반이 되는 거예요.

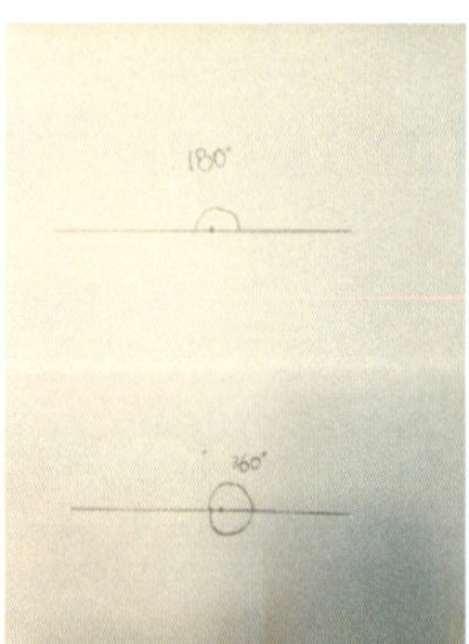

그림 86 일직선

그림 87 삼각형

그림 88 180°

이 경험을 바탕으로 정다각형이 평면을 빈틈없이 채우려면, 한 꼭짓점에 모인 각의 합이 360°가 되어야 한다는 규칙을 함께 정리해 볼 수 있습니다. 초등 고학년 교과서에서는 다각형 내각의 합을 공식으로 배우지만, 가베 활동을 충분히 해 본 아이는 '각을 오려 붙여 보니 이렇게 맞춰지는구나.' 하는 몸의 감각을 먼저 가지고 공식을 만납니다.

하나에서 뻗어가는 생각

도형 수, 프랙탈, 테셀레이션. 겉으로는 서로 다른 활동처럼 보이지만, 안쪽에는 공통된 질문이 흐릅니다.

'이 모양은 어떤 규칙으로 나타날까?', '부분과 전체는 어떻게 닮아 있을까?' 아이들은 점을 찍고, 도형을 붙이고, 각을 오려 붙이는 동안 자연스럽게 '□번째', '언제나', '어떤 수라도' 같은 말을 떠올립니다. 특정 숫자가 아니라 아직 정해지지 않은 자리에까지 생각을 뻗어 보는 힘. 이것이 바로 변수를 받아들이는 준비입니다.

눈앞의 점 하나, 삼각형 하나, 평면 도형 한 장이 그 시작이 됩니다. 그 작은 시작 위에, 식과 패턴이 자라나고, 마침내 눈앞에 없는 것도 상상해 보는 힘으로 이어집니다.

Section 4
한눈에 정리

- **되풀이 속에서 규칙을 발견하는 힘이 수학적 사고의 출발점이다.**

  정사각형을 1×1, 2×2, 3×3으로 키워 가며 아이는 제곱수의 감각을 손으로 익히고 나중에 수식을 만나도 그 안에 숨은 구조와 리듬을 먼저 떠올리게 됩니다.

- **대칭은 모양이 아니라 관계다.**

  파스칼 삼각형에서 위의 두 수가 만나 아래의 한 수를 만드는 경험을 통해, 아이는 숫자 뒤에 숨어 있는 관계를 손끝으로 먼저 알게 됩니다.

- **눈앞의 점 하나가 변수라는 씨앗이 된다.**

  도형 수 활동에서 점을 세고 규칙을 찾는 동안, 아이는 '□번째', '어떤 수라도'처럼 아직 정해지지 않은 자리까지 생각을 뻗어 보는 힘을 키웁니다.

- **부분과 전체가 닮아 있다는 감각이 추상적 사고를 연다.**

  프랙탈과 테셀레이션 활동을 통해 아이는 반복 속에서 질서와 패턴을 보는 눈을 갖추고, 공식보다 먼저 몸의 감각으로 수학을 만납니다.

생각을 여는 질문 가이드

❶ 패턴 · 수열 놀이를 할 때

지금까지 나온 수들에서 뭐가 똑같이 반복되고 있을까?

다음 수는 무엇일까? 다른 답도 떠오르니?

❷ 도형 수 · 파스칼 삼각형을 볼 때

위에 있는 두 수를 더하면 아래에 어떤 수가 생기지?

이 모양을 더 크게 그리면, 몇 줄째에는 어떤 수가 들어갈까?

❸ 프랙탈 · 테셀레이션 활동을 할 때

큰 모양이랑 작은 모양이 어디가 닮았고, 어디가 다르니?

어떤 도형은 평면을 꽉 채우고, 어떤 도형은 왜 틈이 생길까?

❹ 생활 속 무늬를 볼 때

욕실 타일 · 벌집 · 해바라기 씨앗을 한 줄 규칙으로 말하면 뭐라고 할 수 있을까?

오늘 본 패턴 가운데 네가 제일 예쁘거나 튼튼해 보인 건 뭐였어? 왜 그렇게 느꼈을까?

PART 4

가베의 원리로 자라는 생각과 글쓰기

'PART 4'는 이 모든 경험이 언어와 글쓰기로 연결되는 실천의 장입니다. 가베 교구에서 출발한 관찰 · 상징 · 질문 · 표현의 네 축이 책과 말, 글쓰기 속에서 다시 살아나는 과정을 따라가며, 독자는 가정과 교실에서 바로 실천할 수 있는 읽기 · 쓰기 수업의 원리와 구체적인 방법을 얻게 될 것입니다.

Section 1

관찰과 상징: 세상을 다시 보고, 의미를 읽는 힘

1 가베 논술의 네 축과 종이책 한 권 깊이 읽기
2 프뢰벨 그림 한 장으로 시작하는 관찰 수업
3 관찰을 넓히는 세 가지 루트
4 손과 눈, 언어가 만나는 상징적 사고의 확장

Section 2

질문과 구조화: 생각을 짜는 '왜'와 '만약에'의 그물

1 아이의 사고를 확장하는 질문 설계
2 평범한 장면을 뒤집는 '만약에' 수업
3 수업과 가정에서 쓰는 질문 문장 레퍼토리
4 AI 시대, 더 중요해지는 질문과 '내 말'

Section 3

나만의 말, 나만의 글: 가정에서 자라는 표현의 힘

1 말과 글의 차이를 이해하는 글쓰기 출발점
2 이야기 흐름을 붙잡는 4컷 구성 활동
3 생각의 결을 밖으로 꺼내는 방법
4 자기만의 글로 정리하는 표현 수업

Section 4

질문을 넘어서, 나의 이야기로: 사고가 언어가 될 때

1 틀려도 괜찮은 첫 말, 첫 글
2 세 줄이면 충분한 자기 글쓰기 루틴
3 스스로 질문을 만드는 아이
4 결국 아이의 언어는 집에서 완성된다

SECTION 1

관찰과 상징:
세상을 다시 보고,
의미를 읽는 힘

1

가베 논술의 네 축과 종이책 한 권 깊이 읽기

속도보다 깊이, 왜 한 권을 오래 읽게 할까

가베 논술 수업도 책을 읽고, 이야기를 나누고 글을 씁니다. 겉보기에 다른 수업과 비슷해 보이지만, 기준은 조금 다릅니다. '얼마나 많이'보다 '얼마나 깊이' 읽었는가를 더 중요하게 여깁니다. 그래서 아이들은 요약본이나 카드뉴스가 아닌, 종이책 한 권을 오래 붙들게 됩니다. 책장을 넘기며 오랜 시간 한 문장, 한 장면과 눈을 맞추는 거죠.

요즘 독서 프로그램들은 '한 달에 몇 권 읽는가'를 전면에 내세우는 경우가 많습니다. 학원 안내문만 봐도 '한 달 여러 권 완독', '주 1권 필독' 같은 표현이 낯설지 않습니다. 숫자는 눈에 잘 잡히고, 성취처럼 느껴지기도 해요.

하지만 교실에서 아이들에게 "이 책에서 제일 기억나는 장면이 뭐야?", "그 장면에서 주인공 마음은 어땠을까?"라고 물어보면, 말이 멈추는 순간을 자주 만나게 됩니다. 책 내용을 설명하긴 하지만, '왜 그 장면이 기억에 남았는지', '주인공은 왜 그런 마음이었는지'를 깊이 들여다보는 데는 아직 어려움이 있어요. 그냥 읽은 것과 '자기 안에 남긴 것'은 다르다는 걸 느낍니다.

천천히 읽을 때 뇌는 더 깊이 활동한다

뇌과학에 따르면, 문장을 그냥 읽을 때와 곱씹으며 장면을 떠올릴 때 뇌의 활동 방식은 전혀 달라집니다. 화면을 훑으며 정보를 소비할 때보다, 종이책을 넘기며 문장을 다시 읽고 장면을 떠올릴 때 전두엽 활동이 더 오래 유지된다고 해요. 이 활동은 아이의 생각을 정리하고 기억을 더 오래 붙잡아 두게 합니다. 그래서 이것은 단순한 독서가 아니라, 생각을 표현하는 힘을 준비하는 읽기입니다.

이때 책을 고르는 기준도 달라집니다. 정보만 빠르게 전달하는 문장보다 리듬과 이미지가 살아 있는 문장, 번역서라면 원문의 결을 최대한 온전히 옮긴 책이 필요합니다. 아이가 문장을 읽었을 때 머릿속에서 장면이 그려지고, 인물의 표정이나 몸짓이 떠올라야 해요. 그래야 가베 수업에서 했던 '관찰한 것 말하기'가 책 읽기로 자연스럽게 확장됩니다. 도형 속 선과 면에서 구조를 찾던 눈은 문장 속에서도 인물의 감정과 장면의 긴장을 읽어 내기 시작합니다.

저학년 아이에게는 '많이 읽기'보다, 한 장면을 붙잡고 말로 풀어내는 경험이 먼저입니다.

이 시기에는 이야기를 처음부터 끝까지 매끄럽게 정리하는 힘이 아직 자라는 중이기 때문이에요. 말할 때 앞부분을 빼먹고 중간부터 시작하기도 하고, 기억나는 장면만 드문드문 이어 말하다가 "그게 무슨 말이야?"라는 질문을 받으면, 아이는 곧 말하기를 포기하고 "그냥… 다음은 모르겠어요."라며 멈추기도 합니다.

글에서도 맞춤법이 자주 틀리고, 문장과 문장 사이가 툭 끊겨 보이기 마련이지요. 이런 모습에 불안해할 필요는 없습니다.

가베 논술은 아이의 이런 조각난 말과 글을 '부족함'이 아니라, 서사의 시작으로 바라봅니다.

아직 정리되지 않은 생각이 이야기로 자라나는 중이라고 믿기 때문에, 끊어진 말도 글도 놓치지 않습니다. 짧더라도 우리는 한 장면을 여러 번 이야기합니다.

"또 그 얘기야?"라고 말하는 아이도 있지만, 그 반복 속에서 이야기는 뇌 안에 천천히 자리 잡습니다.

가베 논술의 네 축, 손에서 글까지 이어지는 길

아이가 도형에서 구조를 찾던 그 방식 그대로, 책에서는 장면을 붙잡고 의미를 세웁니다. 그 감각은 글 속에서 언어로 표현되며, 사고의 틀을 만들어 가는 기초가 됩니다. 아이의 손에서 출발한 감각이 책과 글로 이어지는 과정에는 다음과 같은 네 가지 축이 흐릅니다.

축		핵심질문	활동 예시
1. 관찰과 경험의 연결	가베	"가베로 우리가 놀러갔던 곳 생각해서 만들어 볼까?"	내 경험을 가베로 표현하기
	논술	"이 장면처럼 ○○이도 이런 경험 해 본 적 있었을까?"	이야기 속 장면을 내 경험과 연결해 글로 옮기기
2. 상징과 이미지 사고	가베	"이 건물은 무엇을 생각하며 만든 걸까?"	사물에 감정과 의미 입히기
	논술	"이 그림은 어떤 느낌이 들어?"	
3. 질문과 구조화	가베	"이 구조물의 앞 · 안에는 뭐가 있어?"	설명 · 질문을 통해 생각의 뼈대 만들기 이야기의 흐름 예측하기
	논술	"주인공은 왜 그렇게 했을까? 다음엔 뭘 할까?"	
4. 자기표현과 개별성	가베	"가베로 뭘 만들고 싶었니?"	나의 의도와 느낌 말해 보기 장면을 내만의 글로 써 보기
	논술	"내 동시를 지어 볼까? 이야기 지어 볼까?"	

이 네 축은 서로 얽혀, 생각이 자라날 수 있는 길을 엽니다.

가베 수업에서 시작된 감각은 책과 문장을 지나며, 아이 안에서 조금씩 언어 방식으로 자리 잡아 갑니다.

2

프뢰벨 그림 한 장으로 시작하는 관찰 수업

보이는 것부터 말하게 하기

프뢰벨의 그림은 가베 교구처럼 아이의 감각을 여는 도구입니다. 이번에는 손 대신 눈과 말, 글이 먼저 움직입니다. 한 장의 그림을 펼쳐 두고, 설명 없이 함께 바라봅니다. 교사는 해석을 앞서 주지 않고, 아이가 그림 속 장면을 자기 말로 꺼내도록 기다립니다.

그림 89 「풍향개비」

"깃발을 잡고 나무에 올라가는 아이가 있어요."

"손수건을 흔드는 아이가 인사해요."

"연을 들고 들판을 달리는 아이도 보여요."

"오른쪽 아래에는 닭이 두 마리 있어요."

"멀리 성탑이 보이고, 들판에는 빨래를 널고 있는 사람이 있어요."

이렇게 사람과 사물, 동작을 하나씩 말로 붙잡아 봅니다. 이 단계에서 중요한 것은 느낌보다 먼저, 그림 속에서 무엇이 실제로 보이는지를 말로 붙잡는 경험입니다. 아이의 말이 감정으로 흐를 때에는, 다시 장면으로 돌아와 보이는 근거를 찾게 합니다. 이렇게 그림을 바라보는 방식이 보는 일에서 읽는 일로 천천히 옮겨 갑니다.

아이가 "무서워요."라고 말하면 "왜?"를 길게 묻기보다, "그림에서 어떤 게 그렇게 보였어?" 하고 다시 그림으로 돌아오게 합니다. 그러면 아이들은 "바람 때문에 나무가 한쪽으로 기울어졌어요.", "성은 뒤쪽 언덕에 있어서 더 멀어 보여요."처럼 거리와 위치, 움직임까지 관찰로 붙잡아 내기 시작하지요. 그림을 '보는 일'에서 '읽는 일'로 바꾸는 첫걸음입니다. 눈으로 담고 입으로 꺼내고 말로 정리하며 장면을 설명하는 힘이 자라납니다.

관찰이 어느 정도 쌓이면, 이제 한 걸음 더 나아가 그림이 말하는 주제를 질문으로 찾아갑니다.

"그림에 반복해서 보이는 공통점이 뭐야?", "오늘 날씨는 어떤 것 같아?", "사람들과 동물, 나무가 어떻게 움직이고 있지?"

이 질문을 따라가다 보면 아이들은 자연스럽게 "바람이 불고 있어요.", "그래서 깃발이 펄럭이고 연이 날아가요."처럼 말하게 됩니다. 아이는 어느새 이 그림이 '바람'이라는 하나의 주제로 연결되었다는 사실을 발견합니다. 아이들이 쏟아내는 말을 교사나 아이가 그대로 받아 적어 종이에 옮기면, 하나의 작은 관찰 목록이 생깁니다. '집', '나무', '강', '연기', '창문에서 있는 사람'처럼 흩어져 있던 말들이 눈앞에서 글자로 줄지어 서지요.

이때 가능한 한 아이의 표현을 고치지 않고 적습니다. 문장을 다듬는 일은 나중에도 충분히 할 수 있습니다. 지금 단계의 목표는 내가 본 장면을, 있는 그대로 말해도 된다는 안정감을 주는 것이 먼저입니다. 그렇게 한 줄씩 쌓이다 보면 아이도 '내 말이 수업의 일부가 되는구나' 하고 느끼게 됩니다.

말을 글로 옮기는 첫 연습

프뢰벨 그림 수업이 관찰에서만 끝나지 않고 글쓰기로 이어지려면, 아이와의 대화 중 쉬운 문장부터 글로 옮기도록 합니다. 예를 들어 아이가 "아저씨가 뭔가 걱정하는 것 같아요."라고 말했을 때, "그 문장 그대로 공책에 적어 볼까?" 하고 건네는 거예요. 말이 글이 되는 첫 경험이지요.

먼저 그림을 보며 자유롭게 말하게 하고, 그 말을 교사가 노트에 적어 둡니다. 목록이 쌓이면 아이에게 "지금 우리가 한 말 중 마음에 드는 문장 한 줄을 골라 다시 한번 적어 볼래?"라고 제안합니다. 새로 멋진 문장을 지어내지 않아도 괜찮습니다. 내가 한 말을 선택해 그대로 옮겨 적는 것만으로도 충분합니다. 말로 흘러가던 문장이 글자로 옮겨지는 순간, 아이는 자신의 말이 곧 글이 될 수 있다는 감각을 처음으로 경험합니다.

조금 익숙해지면 '보이는 것' 한 줄 뒤에 '느껴지는 것' 한 줄을 붙여 보게 합니다. 예를 들어 '창문에 혼자 서 있는 사람이 보여요.' 다음에 '조금 외로워 보여요.' 같은 식이지요. 두 줄이면 구조가 생깁니다. '보이는 것' 한 줄, '느껴지는 것' 한 줄 — 이 두 줄이 아이 글의 뼈대가 됩니다.

집에서 이어가는 미니 수업

가정에서도 비슷한 흐름을 만들 수 있습니다. 그림책을 읽다가 한 장면에서 잠시 멈추고,

"여기서 뭐가 제일 먼저 보여?", "그 옆에는 뭐가 있어?"라고 물어보세요. 아이의 말을 짧게 적어 두었다가, 책을 다 읽은 뒤 이렇게 건네는 겁니다. "아까 이렇게 말했었지? 이 중에서 네가 제일 마음에 드는 말 한 줄만 골라서 써 볼래?"

프뢰벨의 그림으로 시작하는 관찰 수업은 거창한 글쓰기를 요구하지 않습니다. 보이는 것을 말로 옮기고, 그 말을 한 줄의 글로 남겨 보는 경험만으로도 논술의 기초는 자라납니다. 오늘 적은 그 한 줄은, 아이가 자기 말을 믿게 되는 기억으로 차곡차곡 남습니다.

3

관찰을 넓히는 세 가지 루트

형식에 묶이지 않는 관찰일기

프뢰벨 그림 한 장을 두고 '보이는 것을 말하는 연습'을 했다면, 이제 그 시선을 실제 생활과 시간의 흐름 속으로 가지고 나오는 단계가 관찰일기입니다. 아이가 스스로 정한 대상을 며칠, 혹은 몇 주 동안 계속 바라보면서 변화를 자기 방식으로 남기는 활동이에요.

관찰일기의 목적은 멋진 형식이 아닙니다. 같은 대상을 반복해 바라보며, 변화의 감각을 자기 언어로 길어 올리는 데 있습니다. 세 줄 메모처럼 간단한 글이 될 수도 있고, 네 칸 만화가 될 수도 있고, 그림 한 장에 낱말 몇 개만 붙인 기록일 수도 있습니다.

어떤 아이는 날짜를 써 넣고 일기처럼 길게 적고 싶어 하고, 또 다른 아이는 말풍선을 그리고 싶어 합니다. 교사는 '오늘 본 모습', '어제와 다른 점', '그때 든 생각'처럼 참고가 될 만한 예시를 보여 줄 수는 있지만, 마지막 선택은 아이에게 맡기는 편이 좋습니다.

관찰일기에서 중요한 건 대상을 하나로 정하는 것입니다. 구름을 정했다면 매일 하늘을 올려다보며 오늘의 구름을 기록합니다. 어느 날은 '솜사탕처럼 뭉게뭉게 떠 있었다.', 다른 날은 '급하게 이사 가는 것처럼 빠르게 흘러갔다.'고 쓸 수 있지요.

오가며 보는 가로수 중 한 그루를 정해도 좋습니다. 오늘은 '오로라처럼 초록에서 주황과 빨강으로 변신하고 있다.'고 썼다가, 며칠 뒤에는 '싫증이 났는지 그 옷을 바닥에 다 버렸다.'고 기록했습니다. 이렇게 같은 대상을 지속적으로 관찰하는 경험이, 관찰일기의 출발점이 됩니다.

그림 90 물들어가는 단풍

그림 91 바닥에 떨어진 낙엽

같은 대상을 여러 번 관찰하다 보면, 아이들은 전에 놓쳤던 점을 더 잘 찾아내곤 합니다. 짧은 메모나 단순한 그림처럼 보이는 기록도, 아이에게는 그때의 생각이 담긴 흔적이에요. 이런 기록들이 이어지면서, 생각은 시간 속에서 자연스럽게 쌓여 갑니다.

그래서 관찰일기는 단순히 '다르네.' 하고 끝나지 않아요. 아이는 '왜 달라졌지?' 하고 스스로 이유를 떠올리기 시작하고, 그 생각을 말과 글로 정리하는 데 점점 익숙해집니다.

"어제는 없었는데 오늘은 있어요.", "비가 와서 색이 달라졌어요."

이처럼 변화의 원인을 스스로 설명하기 시작할 때, 관찰은 자기 경험과 연결되고 기록은 '정보'에서 '생각'으로 자라납니다.

그림·생활·자연, 세 갈래와 한 아이의 고구마

무엇을 관찰 대상으로 삼느냐에 따라 이 기록의 색깔은 달라집니다. 가베 논술에서는 대상을 크게 세 가지 갈래, 곧 그림과 그림책, 생활 속 장면, 자연의 변화로 나누어 생각할 수 있습니다.

첫 번째 갈래는 그림과 그림책입니다. 프뢰벨의 『엄마의 노래와 아기 놀이』 같은 그림책을 펼쳐 한 장면을 여러 날에 걸쳐 다시 보기도 하고, 글이 없는 그림책이나 명화를 관찰일기의 재료로 삼기도 하지요.

어떤 아이는 인물의 표정과 손가락을 유심히 보고, 어떤 아이는 배경 구석에 있는 작은 물건을 찾아 기록합니다. 이 기록이 거듭될수록 짧은 문장들이 조금씩 긴 문장으로 변해 갑니다. "아기가 가베를 꼭 쥐고 있어서 놀이가 끝나도 더 놀고 싶은 것 같아요."처럼 감정과 추측이 섞인 문장이 돼요. 이런 기록을 통해 상징과 이미지로 생각하는 힘이 조금씩 드러나기 시작합니다.

두 번째 갈래는 생활 속 장면입니다. 계단, 창틀, 식탁, 세탁기, 집 앞 골

목까지 모두 관찰 대상이 됩니다. 대부분은 아이가 스스로 대상을 선택하고, 때로는 교사가 "매일 오르내리는 계단만 자세히 한번 보자."라고 제안하기도 해요. 어떤 아이는 계단을 칸칸이 그려 보고, 어떤 아이는 "네모난 돌이 줄지어 있어요.", "비가 오면 한 칸씩 반짝여요."라고 문장으로 씁니다. 익숙한 풍경도 자세히 들여다보면, 아이에게는 새로운 발견이 됩니다.

셋째 갈래는 자연입니다. 나무, 꽃, 하늘, 구름, 강물의 흐름이 여기에 포함됩니다. 자연은 다른 대상과 달리 스스로 변화합니다. 아이가 무언가를 하지 않아도 계절이 바뀌고, 날씨가 달라지고, 꽃이 피고 집니다. 그래서 자연을 관찰 대상으로 삼으면 변화를 가장 생생하게 느낄 수 있습니다.

초등 5학년 조영율의 관찰일기 사례 1

5학년 영율이의 고구마 관찰일기는 자연 관찰이 어떻게 상상과 표현으로 이어지는지를 잘 보여 줍니다. 관찰, 상상, 탐구, 표현이 자연스럽게 연결되어 있었어요.

중요한 건, 눈앞의 세계를 다시 바라보고 그 변화를 자기만의 언어와 이미지로 붙잡아 보는 경험입니다. 어제와 오늘을 잇는 눈이 생길 때, 관찰은 단순한 기록이 아니라 생각의 뿌리가 됩니다.

관찰일기 1일 차

엄마가 산 고구마에서 새싹이 나기 시작했다. 크기는 약 0.5~0.6cm이고 싹은 진한 자두색이다. 나는 그 새싹들이 어린 아기이기 때문에 '여기가 어디지?'라고 생각하고 있는 것 같다.

현재는 고구마 2개에서 싹이 나오고 있는데, 싹은 3개 정도 있다. 내가 고구마를 선택한 이유는 변화가 한눈에 잘 보이기 때문이다. 다른 나무나 꽃들은 자라는 시간이 길어서 관찰하기 힘들지만 고구마는 자라는 시간이 빠르기 때문이다.

만약 새싹이 자라지 않으면 흙으로 옮겨서 다시 키울 예정이다. 제발 잘 자라!

그림 92 1일 차~ 3일 차

관찰일기 2일 차

드디어 싹이 자라기 시작했다. 비록 조금밖에 자라지 않았지만 0.1mm 정도 자랐으니 그래도 변화가 조금씩 보이기 시작했다. 하지만 왠지 모르게 다 자라지는 않을 것 같다. 왜냐하면 고구마에서 곰팡이가 피고 이상한 냄새가 나기 때문이다.

지금 고구마는 매우 아플 것 같다. 고구마는 아마도 사람으로 따지면 코로나와 비슷한 수준일 것 이다. 그래도 새로 돋아나고 있는 싹도 1~2개 있고 싹도 자랐기 때문에 자랄 확률은 아직 있는 것 같다. 나는 만약 고구마가 다 곰팡이로 꽉 차면 어떻게 될까라는 생각을 했다. 그 모습을 떠올려 보니 정말 끔찍할 것 같았다.

관찰일기 3일 차

내 고구마가 썩어 죽고 말았다. 알고 보니 원래 물을 주지 않는 것인데 물을 줘서 죽고 말았다. 하지만 나머지 1개가 더 있기 때문에 걱정은 하지 않아도 된다. 그런데 알고 보니 물을 안 준 것이 더 크게 자랐다. 약 4cm이고 색은 여전히 진한 자두색이고 전의 것보다 많은 새싹이 자라고 있었다. 나는 그것을 보고 죽은 고구마가 남긴 것으로 다시 태어난 것이라고 생각했다.

관찰 대상은 이렇게 달라질 수도 있어

그림 93 조영겸의 관찰일기

핸드폰이 없는 영겸이는 엄마의 핸드폰으로 게임을 하다 혼이 났습니다. 그 뒤 영겸이는 관찰 대상을 정합니다. 관찰 대상은 다름 아닌 엄마의 핸드폰이었습니다. 며칠 동안 관찰을 이어 가던 영겸이는 뜻밖의 사실을 발견합니다.

엄마 역시 핸드폰을 자주 들여다보고 있었어요. 그래서 영겸이의 관찰은 자연스럽게 사용 빈도와 사용 시간으로 옮겨 갑니다. 관찰 일기의 마지막 장면에서 영겸이는 이렇게 적고 있습니다.

'엄마는 내가 학교에 간 사이, 핸드폰만 하나 보다.'

4

손과 눈, 언어가 만나는 상징적 사고의 확장

시에서 빌린 말, 나의 언어로 다시 쓰다

관찰일기에서는 눈앞의 세계를 사실 그대로 담는 연습을 했다면, 이제는 시인이 먼저 발견한 세계 안으로 들어가 보려는 단계입니다. 동시 필사는 시인의 시선으로 세상을 바라보는 연습이에요.

수업에서 저는 조명숙의 동시집 『바보 토우』를 자주 꺼냅니다. 표지와 제목만 보여 주어도 아이들은 "제목이 너무 웃겨요."라며 금세 웃습니다. 이 동시집에는 아이의 눈높이에서 사물과 자연을 바라보는 시선이 담겨 있습니다. 일상적인 풍경을 살짝 비틀어 새로운 의미를 붙이는 언어들이라, 사물을 마음속 이미지로 다시 떠올리는 연습에 잘 어울립니다.

「상장 받는 날」이라는 시를 아이들과 함께 펼쳐 봅니다.

제목만 봐도 아이들 눈이 반짝입니다. "누가 상을 받을까?", "무슨 일을 잘했을까?" 하고 서로 질문을 주고받지요.

제가 시를 천천히 읽어 주고, 아이들과 함께 한두 번 더 소리 내어 읽습니다.

그리고 '비 오는 날 아스팔트는 / 뜨거운 햇볕을 잘 견뎌 냈다고'라는 줄에서 잠시 멈추고 생각합니다.

이 대목에서 아이들은 평소 그냥 밟고 지나가던 아스팔트가 여름 내내 뜨거운 햇빛을 견뎌 낸 존재처럼 느껴지기도 합니다. 이제 공책을 펴고 시를 한 줄씩 또박또박 따라 씁니다.

글자를 옮겨 쓰는 동안 아이는 머릿속으로 비 오는 거리와 젖은 길 위에 생긴 물웅덩이를 떠올립니다. 비가 아스팔트에 남긴 동그란 물 자국들이, 정말 상장처럼 보이기 시작하지요.

9세 준호는 시를 다 쓰고 나서 말했습니다.

"아, 비가 아스팔트한테 어떻게 상장을 주는지 알겠어요. 빗방울이 토닥토닥 안마해 주는 거지요."

시인의 상징을 자기 감각으로 받아들인 아이의 한 줄. 단순히 글자를 따라 썼을 뿐인데, 시의 언어가 아이의 기억에 닿기 시작해요.

그림과 한 줄 해석, 시인의 상징이 '내 상징'이 될 때

필사가 끝나면 저는 바로 글쓰기로 넘어가지 않습니다. 필사를 하는 동안 떠오르는 장면이나 느낌을 그림으로 그려 보는 시간을 갖습니다. 그림은 언어가 아직 닿지 못하는 생각을 꺼내는 또 하나의 통로입니다. 물론 그림 그리기를 좋아하지 않거나 어려워하는 아이는 이 단계를 건너뛰기도 합니다.

아이들에게 이렇게 말을 건넵니다. "방금 따라 쓴 시에서 제일 마음에 남는 줄이나 단어를 하나 골라 보자. 그리고 그 말이 떠오르게 하는 장면을 그림으로 그려 볼래?" 아직 문장 쓰기가 서툰 아이들은 이 단계에서 마음껏 그림으로 표현할 수 있습니다. 어떤 아이는 비 오는 도로 위에 둥근 물웅덩이를 가득 그리고, 또 다른 아이는 커다란 아스팔트에게 '칭찬합니다' 도장을 찍어 줍니다.

상황에서 벗어난 그림이더라도 아이의 생각은 존중됩니다. "너는 비가 오면 이런 장면이 떠오르는구나."라고 짚어 줍니다. 같은 활동이지만, 아이의 발달에 따라 표현은 조금씩 확장됩니다. 큰 아이들은 그림 옆에 자신만의 해석 한 줄을 써 보기도 하지요.

구조는 단순합니다. 시를 읽고 마음에 남는 줄을 고르고, 거기서 떠오르는 장면을 그림으로 그린 뒤 옆에 자기 생각을 한 줄 적는 것입니다.

10세 서현이는 이 시를 읽고 나서 "그럼 나뭇잎도 바람을 잘 견뎠다고 상장 받을 수 있겠네요."라고 말했습니다. 그날 서현이의 노트에는 이렇게 쓰여 있었습니다. '비가 아스팔트에게 상장을 주듯이, 가을바람은 나뭇잎에게 상장을 준다.'

동시 필사에서 그림과 글쓰기는 '잘 쓰기 위한 문장'이 아니라, 정말 내 안에서 나온 말을 찾는 훈련입니다.

집에서 이어가는 동시 필사

이 활동은 교실을 넘어 가정에서도 이어질 수 있습니다. 짧은 동시 한 편을 함께 읽고, 아이가 생각한 표현을 자유롭게 그려 봅니다. 또는 "이 시에서 너는 어떤 느낌이 들어? 우리 각자 한 줄 표현하기 해 볼까?"라고 건네 보세요.

'떠오른 생각 + 그림 한 장 + 내 생각 한 줄'로 시작하면 아이도 편안하게 자기표현을 시도할 수 있습니다.

Section 1
한눈에 정리

- **시인의 눈을 빌려 쓰는 동시 필사가 상징적 사고를 연다.**

  동시를 따라 쓰며 시인이 발견한 비유와 상징을 몸으로 익히고, 그 언어가 내 경험과 만날 때 '내 글'이 됩니다. 필사 → 그림 → 한 줄 해석으로 이어지는 흐름 속에서 아이는 사물에 의미를 붙이는 힘을 키웁니다.

- **가베 논술도 가베 교구와 같은 네 축 위에서 움직인다.**

  관찰 – 상징 – 질문 – 자기표현이라는 네 축은 블록을 쌓을 때나 종이책을 읽고 글을 쓸 때나 같습니다. 손으로 익힌 구조 읽기가 장면과 문장, 인물의 마음을 읽는 힘으로 자연스럽게 옮겨집니다.

- **프뢰벨 그림 한 장은 '보이는 것부터 말하게 하는' 관찰 교과서다.**

  먼저 '무엇이 어떻게 그려져 있는지'를 말하게 하는 것이 핵심입니다. 아이가 한 말을 고치지 않고 받아 적어 보여 줄 때, '내 말도 글이 될 수 있구나.' 하는 감각이 자랍니다.

- **관찰일기의 핵심은 형식이 아니라 어제와 오늘의 차이를 자기 말로 쓰는 것이다.**

  세 줄이든 만화든 상관없이 같은 대상을 다시 보고 변화와 느낌을 적는 연습이 중요합니다. 그림 · 생활 · 자연을 관찰하는 습관이 쌓이면, 세상을 다르게 보는 눈과 자기 안의 세계를 밖으로 옮기는 힘이 함께 자라납니다.

생각을 여는 질문 가이드

❶ 종이책 한 권을 깊이 읽을 때

읽고 나서도 자꾸 떠오르는 장면이 있어? 왜 그 장면일까?

그 장면을 그림으로 그린다면, 무엇을 그리고 싶어?

❷ 프뢰벨 그림 · 글 없는 그림책을 볼 때

왜 이렇게 그렸을까? 거기서 무슨 일이 일어나고 있는 것 같아?

이 그림에 소리가 있다면 어떤 소리가 들릴까?

❸ 관찰일기를 쓸 때

어제랑 오늘을 비교하면 뭐가 똑같고, 뭐가 달라졌을까?

오늘 본 것 중에서 하나 골라서 제목을 붙인다면 뭐라고 할까?

❹ 상징과 느낌을 꺼내 주고 싶을 때

이 나무가 사람이라면, 지금 어떤 표정을 짓고 있을까?

지금 네 마음이 날씨라면 어떤 날씨야? 왜 그런 날씨가 떠올랐어?

SECTION 2

질문과 구조화: 생각을 짜는 '왜'와 '만약에'의 그물

1

아이의 사고를 확장하는 질문 설계

아이의 생각을 키우는 데 질문은 강력한 도구입니다. 그러나 모든 질문이 사고를 자라게 하지는 않습니다. 아이들은 하루에도 수십 번 질문을 듣지만, 그중 많은 질문은 기억을 확인하는 표면적 질문에 머뭅니다.

"이 단어 뜻이 뭐였지?", "주인공이 무엇을 했나요?" 같은 질문은 정보를 떠올리게 하지만 생각을 넓히거나 이어 주지는 못합니다. 아이 입장에서는 문제집의 질문과 크게 다르지 않지요. 정답을 말하면 대화는 곧 끝나 버립니다.

책을 많이 읽었다는 아이들 중에도 생각을 묻는 질문 앞에서는 멈추는 경우가 있습니다.

책을 읽는 경험은 집중력과 과제 지속력을 기르는 데 분명 도움이 됩니다. 이후 학습 태도를 형성하는 데도 긍정적 기반이 되지요. 그런데 왜 이런 일이 생길까요?

독서 경험이 부족해서가 아닙니다. 독서가 생각을 거치지 않는 습관으로 굳어졌기 때문이에요. 책은 충분히 읽었지만, 생각을 멈춰 보거나 질문해 본 경험이 상대적으로 적었던 거지요. 그 결과 독서의 기술은 늘었으나 생각을 만들어 내는 힘은 함께 자라지 못하는 상황이 생깁니다.

가베 논술에서는 표면적 이해를 묻기보다, 생각의 길을 열어 주는 질문을 합니다.

그 중심에는 두 가지 질문이 있습니다. 바로 '왜?'와 '만약에?'입니다.

'왜?'라는 질문은 아이를 잠시 멈추게 합니다.

스쳐 지나쳤던 장면을 다시 떠올리게 하고, 그 안에서 이유를 찾도록 이끌지요.

"왜 이 블록이 쓰러졌을까?", "왜 마틸다는 초능력을 썼을까?"라는 질문 앞에서 아이는 구조를 다시 보거나, 사건이 일어나기 전의 상황을 천천히 살펴보게 됩니다. 그냥 무너진 결과나 재미있는 장면으로 지나칠 수 있었던 부분도, 이 질문 앞에서는 사고의 대상이 됩니다. 생각은 여기서 한 단계 더 깊어집니다.

'만약에?'는 생각의 방향을 바꾸는 질문입니다.

"만약 다시 만든다면 어디를 바꾸고 싶어?", "만약 마틸다가 초능력을 발견하지 못했다면?"이라는 질문은 아이를 아직 일어나지 않은 상황으로 데려갑니다. 문제를 다른 각도에서 바라보게 하고 새로운 선택의 가능성을 열어 주지요.

이 두 질문이 함께 쓰일 때 사고는 자연스럽게 확장됩니다. 지금의 상황을 이해하고, 다른 가능성을 떠올린 뒤, 아이는 스스로 결론에 도달합니다. 설명을 듣는 대신, 생각을 직접 움직여 보는 경험을 하게 되는 것이지요.

질문 뒤에 필요한 교사의 역할

이때 교사의 역할은 생각보다 크지 않습니다. 아이의 말을 길게 평가하거나 고쳐 줄 필요도 없습니다. 다만 아이의 생각을 한번 정리해 주고, 사고가 더 확장될 수 있도록 '왜'와 '만약에'를 적절한 지점에서 건네주면 됩니다. 아이는 이어지는 질문을 따라가며 처음에는 미처 떠올리지 못했던 지점까지 도달하게 돼요. 그리고 그 생각을 말과 글로 표현하면서, '나는 이렇게 생각하는 사람이구나.'라는 자기만의 사고방식을 만들어 갑니다.

이 과정에서 교사는 아이의 말에 공감과 이해를 더합니다.

"아, 네 생각엔 그래서 여기서 무너졌다는 거구나."
"너라면 이렇게 행동했겠다는 거지?"

이런 짧은 확인은 아이에게 중요한 신호가 됩니다.

'내 생각이 제대로 전달되었구나.'라는 느낌을 받으면, 아이는 다음 생각으로 넘어갈 준비를 해요. 확신 없던 말이 문장으로 받아들여질 때, 아이는 자기 생각을 더 믿게 됩니다.

관찰이 눈앞의 장면을 붙잡는 일이라면, 질문은 그 장면을 자기 생각으로 바꾸는 과정입니다. 정답을 재촉하지 않는 질문은 아이가 생각을 끝까지 따라가 볼 수 있는 시간을 만들어 줍니다.

2

평범한 장면을 뒤집는 '만약에' 수업

바람 부는 날 한 장면, '만약에'로 깊어지는 생각

바람 부는 날을 그린 프뢰벨 그림 한 장을 아이들 앞에 펼쳐 둡니다. 빨래가 펄럭이고, 나무는 한쪽으로 흔들리고, 한 아이는 연을 날리며 뛰고 있습니다. 아이들이 보기에는 그저 바람 불어 좋은 날의 평범한 풍경일 뿐입니다. 처음에는 아무 설명 없이 눈에 보이는 것부터 말하게 하지요.

"빨래 있어요.", "연 날리고 있어요.", "사람들이 놀고 있어요."

이 단계에서는 찾은 문장을 평가하지 않고, 아이가 이 장면을 어떻게 보고 있는지 그대로 드러나게 두는 것이 중요합니다. 그림 속 사람, 사물, 동작들을 하나씩 짚어 보는 동안, 아이는 편하게 말을 꺼내기 시작합니다. 어느 정도 말이 쌓이면, '만약에'라는 질문을 해봅니다.

"만약에 세상에, 바람이 없어진다면 어떻게 될까?"

아이들은 잠시 멈칫합니다. 바람이 없어진다는 상황을 진지하게 생각해 본 적이 없기 때문입니다. 이때 교사는 그림 속 장면과 연결할 작은 발판을 놓아 줍니다.

"그럼 연은 어떻게 될까?", "빨래는 어떻게 마를까?"

질문이 구체적인 대상으로 옮겨 가면 아이들의 입이 다시 열립니다.

"연이 안 떠요.", "빨래가 안 말라요."

여기에서 한 걸음 더 들어갈 수 있습니다.

"그럼 구름은 어떻게 움직일 수 있을까?"

대부분 "바람이요."라고 답하지요. 이어서 "만약에 바람이 없어 구름이 움직이지 않는다면 어떤 일이 벌어질까?"라고 물으면, 아이의 생각은 하늘과 비, 가뭄으로 넓어집니다.

"어떤 동네는 비구름 때문에 계속 비가 오고 어떤 동네는 구름이 없어서 비가 안 올 것 같아요."

아이는 그림 속 장면들이 서로 연결되어 있다는 사실을 조금씩 깨우쳐

갑니다.

이 활동을 통해서 아이는 평소 당연하게 여기던 것을 잠시 멈추어 다르게 보는 연습을 합니다. 바람이 연 · 빨래 · 구름 같은 장면들을 하나의 흐름으로 묶고 있다는 사실을 스스로 발견하게 됩니다.

실제로 겪지 않은 상황을 머릿속에서 그려 보고, 그 결과를 가늠해 보는 연습이 이 질문 안에서 자연스럽게 이루어집니다. 아이는 '그냥 그런가 보다.'에서 한 발 나아가 '이게 없으면 어떻게 달라질까?'를 떠올려 보게 되고, 나중에 선택을 해야 할 때 여러 가능성을 미리 비춰 보는 힘의 밑바탕이 됩니다.

이제 아이와 지금까지의 생각을 한번 정리해 보도록 합니다. 어떤 아이는 이렇게 말할 수 있습니다.

"바람이 없었으면 빨래도 안 마르고, 연도 못 날리고, 구름도 잘 안 움직여서 비도 골고루 안 내렸을 거예요. 바람 덕분에 우리가 편하게 살고 있는 거네요."

교사는 "그래, 바람이 고맙다는 생각이 들었구나."라고 짧게 받아 줍니다. 중요한 것은 교사가 먼저 "바람은 소중해."라고 결론을 알려 주지 않았다는 점입니다.

평범한 그림 한 장과 '만약에'라는 질문 하나만으로, 아이가 스스로 의미를 찾아가도록 길만 열어 준 것이지요. 가베 논술에서 '만약에'는 익숙한 세계를 살짝 비틀어 보게 하는 질문입니다. 그 질문을 통해 아이는 세상의 구조와 관계를 조금씩 읽어 가기 시작합니다.

집에서 이어가는 '만약에' 질문

가정에서도 '만약에'는 어렵지 않게 꺼낼 수 있습니다. 특별한 준비 없이, 일상의 장면 하나만 있으면 됩니다. 비 오는 날 창밖을 보며 "만약에 비가 위로 올라간다면 어떻게 될까?", 저녁 식탁에서 "만약에 소금이 세상에서 사라진다면?" 같은 질문을 건네 보세요.

'만약에'는 사물이나 자연뿐 아니라 관계와 마음을 들여다보는 데도 쓸 수 있습니다.

수업 시간에 이런 대화를 나눈 적이 있습니다.

"만약에 엄마와 네가 역할을 바꾼다면? 엄마에게 무슨 말을 해 주고 싶어?"

아이가 이렇게 말했어요.

"엄마가 잘못할 때 혼내 줄 거예요."

"그래? 그 잘못할 때가 언제일까?"

"약속을 안 지킬 때요. 분명 숙제 빨리 끝내면 놀아 준다고 했는데, 숙제를 끝내니까 이제 늦었으니 빨리 자자고 했어요. 그래서 혼내 줄 거예요."

이 대화 속에서 아이는 공정함과 약속에 대한 자기 생각을 스스로 꺼내고 있었습니다. 집에서도 이런 질문을 건네 보세요.

정답을 기대하지 않아도 됩니다. 아이가 '몰라요.'라고 해도 괜찮습니다. '엄마도 잘 모르겠는데 같이 생각해 볼까?'라고 받아 주면 충분합니다. 중요한 것은 정답을 주는 일이 아니라, 당연한 것을 잠시 멈춰 함께 바라보는 일입니다. 그 경험이 반복될수록 아이는 질문을 기다리지 않고, 스스로 생각이 머무는 지점을 알아차리게 됩니다.

3

수업과 가정에서 쓰는 질문 문장 레퍼토리

수업에서 미리 준비해 두는 질문 문장들

앞 절에서 본 것처럼, 생각을 여는 질문은 특별한 재능이 아니라 평소 대화법에서 나옵니다. 수업 시간에는 교사도 무심코 맞았는지 확인하는 질문으로 돌아가기 쉽습니다. 그래서 가베 논술에서는 아이들에게 맞는 질문을 그때그때 떠올리기도 하지만, 미리 몇 가지 문장 틀을 정해 두고 반복해서 쓰도록 권합니다. 질문이 자동으로 나올 만큼 익어야 아이 말에 집중하면서도 수업 흐름을 놓치지 않습니다.

첫 번째 틀은 관찰을 여는 질문입니다. 프뢰벨 그림이나 책의 한 장면을 볼 때, 아이가 눈에 보이는 것을 편하게 말할 수 있도록 도와주는 질문들입니다.

예를 들어 "지금 그림에서 제일 먼저 눈에 띄는 건 뭐야?", "그 옆에는 뭐가 보여?" 같은 문장이 여기에 해당하지요.

이런 질문은 말하기를 두려워하는 아이에게도 안전한 출발점이 됩니다. '생각을 잘해야 하는 질문'이 아니라, 보이는 것을 있는 그대로 말하면 되는 질문이기 때문입니다.

두 번째 틀은 이유를 묻는 질문입니다. '왜'는 생각을 안쪽으로 끌어들이는 힘이 있습니다.

"왜 그렇게 느꼈어?", "어디를 보고 그렇게 생각했니?"처럼 감정과 근거를 함께 묻는 문장은, 아이가 막연한 느낌을 구체적인 장면과 연결하도록 돕습니다. 이때 교사는 답이 논리적인지 따지기보다 아이의 말을 한 번 되짚어 주면 충분합니다. 그 한 줄의 되짚어 줌이 아이에게는 '내 생각도 수업이 된다'는 경험이 됩니다.

세 번째 틀은 가능성을 넓히는 질문입니다. '만약에'와 '다른 방법'을 부드럽게 불러오는 문장들입니다.

"만약에 이 사람이 그 말을 하지 않았다면 어떻게 됐을까?"

"다른 결말을 골라야 한다면 너는 어떻게 끝내고 싶어?"

라고 묻는 순간, 아이는 정답을 찾는 모드에서 벗어나 여러 갈래를 떠올려 봅니다. 뇌 안에서는 실제로 일어나지 않은 사건을 시뮬레이션하는 회로가 켜집니다.

네 번째 틀은 연결을 여는 질문입니다. 책과 자신, 교실과 삶을 이어 주는 역할을 하지요.

"이 장면이 네 경험과 비슷했던 때가 있었어?"

"다른 책이나 영화에서 비슷한 인물을 본 적이 있니?" 같은 질문입니다.

이런 질문을 자주 듣는 아이는 이야기를 단순한 '남의 이야기'로 두지 않고, 자기 경험과 관계 속으로 끌어옵니다. 가베 교구에서 탑을 쌓으며 배웠던 균형 감각이 다른 구조물에도 옮겨가듯, 질문은 책 속 세계를 아이의 일상으로 끌어옵니다.

실제 수업에서는 이 네 가지 틀을 한 시간 안에 모두 쓰려고 애쓸 필요가 없습니다. 오히려 한 시간에 한두 가지 틀만 의식적으로 써 보는 편이 좋습니다. 예를 들어 오늘은 '관찰 – 이유' 질문만 쓰겠다고 정해 두고, 아이들이 말할 때마다 "어디가 제일 먼저 보였어?", "그래서 왜 그렇게 느꼈어?"를 반복해서 던져 보는 식입니다. 몇 주만 지나도 대답이 달라집니다. "그냥요."로 끝나던 말이 "여기 손이 떨리는 것처럼 그려져서 무서웠어요."처럼, 장면과 감정을 같이 말하는 문장으로 자라나기 시작합니다.

질문 틀을 이렇게 준비해 두면, 교사의 역할도 달라집니다. 지식을 전하는 사람에서 함께 생각해 주는 사람으로. 이 변화를 느낀 아이는 더 자주, 더 솔직하게 자기 생각을 꺼내 놓게 됩니다.

집에서 쓰는 하루 3분 질문 루틴

질문은 교실에서만 필요한 기술이 아닙니다. 집에서도 하루 3분 정도의 짧은 대화만으로 아이의 생각 회로를 자극할 수 있습니다. 거창한 시간을 따로 만들기보다, 이미 있는 순간에 질문을 살짝 얹는 방식이 좋습니다.

하루를 마무리할 때에는 오늘 있었던 일에서 출발하는 것이 좋습니다. '오늘 너를 웃게 만든 순간은 언제였어?', '그 장면에서 제일 기억나는 건 뭐야?'처럼 감정이 담긴 질문으로 대화를 시작해 보세요.

아이의 짧은 대답에 '왜 그게 제일 기억에 남았을까?'라는 한 줄을 덧붙이면, 단순한 이야기 속에도 어떤 순간을 골랐는지, 무엇이 보였는지, 왜 그랬는지가 자연스럽게 이어집니다.

아이는 지나간 하루를 다시 떠올리며, 자신의 감정과 사건을 스스로 연결해 보기 시작합니다.

책을 함께 읽을 때도 같은 틀을 쓸 수 있습니다. 줄거리 전체를 묻기보다 '오늘 여기까지 읽었을 때 제일 신기하거나 이상했던 장면이 뭐야?', '그 장면에서 네가 주인공이었다면 어떻게 했을 것 같아?'라고 묻습니다. 이때 부모가 자기 생각을 먼저 길게 말하기보다, 아이의 한 줄을 끝까지 듣고 짧게 받아 주는 편이 좋습니다.

친구 갈등이나 실수 같은 이야기에서도 질문은 큰 힘을 가집니다. '왜 그랬어?'를 추궁의 말투로 던지면 아이는 금세 방어적으로 굳어집니다. 그러나 아래와 같은 질문은 아이가 스스로 상황을 다시 바라보고, 자신 안에서 답을 찾도록 도와줍니다.

"그때 네 마음은 어땠어?"
"다시 그날로 돌아가면 어디부터 다르게 해 보고 싶어?"

그러면 아이는 부모가 대신 해답을 주지 않아도, 이미 알고 있는 상식과 감정을 바탕으로 다음 선택을 설계해 보게 됩니다.

이렇듯 질문은 정답을 가려내는 도구가 아니라, 아이 안에 이미 있는 생각과 감정을 밖으로 불러내는 언어입니다. 이 언어를 자주 들은 아이는 조금씩 자기 생각을 말로 꺼내는 데 익숙해집니다.

교실과 가정에서 바로 써 볼 수 있는 질문 예시

1단계 – 기본 질문 네 가지

1. 관찰을 여는 질문

"제일 먼저 눈에 들어오는 게 뭐야?"

"그 옆에는 뭐가 보여?"

"그림 맨 위에는 뭐가 있고, 맨 아래에는 뭐가 있니?"

2. 이유를 묻는 질문

"왜 그렇게 느꼈어?"

"어디를 보고 그렇게 생각했니?"

"이 장면에서 제일 이해 안 되는 건 뭐였어?"

3. 가능성을 여는 '만약에' 질문

"만약에 네가 이 인물이라면, 어떤 선택을 했을까?"

"다른 결말을 고를 수 있다면, 너는 어떻게 끝내고 싶어?"

"만약에 네가 규칙을 하나 바꿀 수 있다면, 무엇을 바꾸고 싶어?"

4. 연결을 여는 질문

"이 장면이 네 생활에서 비슷했던 때가 있었어?"

"다른 책이나 영화에서 비슷한 사람을 본 적 있니?"

"이 인물과 제일 닮은 친구는 누구야? 어디가 닮았어?"

2단계 - 한 걸음 더 나아가는 세 가지 질문

1. 근거를 묻는 질문

"지금 한 생각이 그림(이야기)의 어디에서 나왔을까?"
"네 생각을 도와주는 근거 세 가지만 골라 볼래?"

2. 비교를 여는 질문

"아까 만든 침대랑 지금 침대는 뭐가 같고 뭐가 달라?"
"이 장면이랑 앞부분 ○○ 장면은 어떤 점이 비슷하고, 어디가 제일 다를까?"

3. 자기 설명을 이끄는 질문

"처음에는 어떻게 생각했다가, 지금은 생각이 어떻게 달라졌어?"
"오늘 알게 된 것 중에 친구 한 명에게만 알려 준다면, 뭐라고 설명해 주고 싶어?"
"처음에는 그냥 그림이라고 생각했는데, 지금은 어떻게 보이니?"

질문을 사용할 때 작은 팁

한 번에 여러 질문을 쏟아내기보다 한 질문을 충분히 듣고 한 줄만 더 묻기.
답의 수준을 바로 평가하기보다, "그래서 네가 그렇게 느꼈구나."처럼 한 번 되짚어 주기.
아이가 스스로 던진 질문은 따로 메모해 두었다가, 나중에 다시 함께 돌아가 보기.

4

AI 시대,
더 중요해지는 질문과 '내 말'

아이가 숙제 공책 대신 화면을 켭니다.

"오늘 할머니 생신이야. 할머니에게 드릴 편지 써 줘."

몇 초 만에 문장이 나타나고, 아이는 그대로 옮겨 적습니다. 누구에게 보내는 글인지, 어떤 말을 전하고 싶은지는 묻지 않습니다. 어른들도 다르지 않습니다. 화면을 오가며, 누군가 만들어 둔 프롬프트를 찾아 그대로 붙여 넣습니다. 문장은 빠르게 완성되지만 무엇을 묻고 싶은지, 무엇을 말하려는지는 잠시 멈춰 서지 않으면 지나갑니다. 이 지점에서 질문이 필요해집니다.

AI를 어떻게 부릴 것인가

AI를 쓰지 말라고 말하는 동안, 아이는 이미 다른 화면으로 옮겨 갑니다. 중요한 건 막는 일이 아니라, 생각이 들어갈 틈을 어디에 만들 것인지 입니다. 그렇다면 교육의 질문은 '쓸까, 말까?'가 아니라 '어떻게 써야 내 생각이 더 또렷해질까?'로 바뀌어야 합니다. 가베 논술에서 관찰 · 상징 · 질문 · 자기표현의 네 축을 세우는 이유도, 결국 아이가 어떤 도구를 만나더라도 자기 생각의 중심을 잃지 않게 하기 위해서입니다.

수업에서는 이런 방식으로 AI를 함께 사용할 수 있습니다. 먼저 아이가 손으로 짧게라도 자기 말을 씁니다. "할머니에게 요즘 있었던 일 한 가지를 이야기해 볼까?" 하고 세 줄 정도 적게 한 뒤, 그 글을 AI에게 보여 주며 아이와 함께 질문을 설계합니다. "이 글을 더 다정하게 바꾸려면 어떻게 물어볼까?", "내가 겪은 일은 그대로 두고, 문장만 조금 다듬어 달라고 하려면 뭐라고 써야 할까?"라고요. 그러면 아이는 결과 문장을 보기 전에, 먼저 '내가 원하는 글의 느낌과 방향'을 언어로 정리해 보게 됩니다.

이때 중요한 원칙은 두 가지입니다.

첫째는 AI가 만든 문장을 그대로 받아들이지 않는 것입니다. "네가 쓴 문장과 AI가 써 준 문장을 나란히 놓고 볼까? 어디는 네 문장이 더 좋고, 어디는 이 문장이 더 마음에 드는지 표시해 보자."라고 제안하면, 아이는 독자로서도, 작가로서도 스스로 판단해 보는 연습을 하게 됩니다.

둘째, 글의 출발과 중심은 반드시 아이의 문장으로 두는 것입니다.

AI를 쓰기 전에 먼저 아이가 자기 말로 짧게라도 써 보게 합니다. 완성된 문장이 아니어도 괜찮습니다. '이렇게 말하고 싶은데, 잘 모르겠어.' 같은 문장이어도 충분하지요. 그다음에 AI에게 묻습니다. '이 말이 더 잘 전해지게 하려면 다른 표현은 뭐가 있을까?', '이 문장을 조금만 다듬어 줄 수 있을까?' 하고요.

이 과정에서 아이는 AI가 글을 대신 써 준다는 느낌이 아니라, 내 말을 더 또렷하게 만드는 데 도움을 받는다는 감각을 갖게 됩니다. 글의 방향을 정하고, 남길 문장을 선택하는 주체는 끝까지 아이 자신입니다. 그렇게 아이는 자연스럽게 알게 됩니다.

도구는 참고할 수 있지만 글의 중심은 내 말이 됩니다.

무엇을 물을지 결정하는 힘

어른들에게도 질문력은 똑같이 중요합니다. 남이 만들어 준 프롬프트를 그대로 복사해 쓰는 습관이 들면, 우리는 도구를 부리는 사람이 아니라 도구 뒤에 숨는 사람이 됩니다. 진짜 실력은 '이 도구를 어디에 어떻게 쓰고 싶은지', '어떤 결과를 원하고, 무엇은 건드리지 말아야 하는지'를 스스로 정할 수 있는 힘에서 나옵니다.

다시 말해, AI에게 무엇을 시킬지를 아는 힘보다, 나 자신에게 어떤 질문을 던질지를 아는 힘이 더 중요합니다. 교육심리 연구에서도 이렇게 자기 생각의 근거를 말해 보고, 이해한 것을 다시 설명해 보는 연습이 도구 사용 이후의 학습 효과를 높여 준다고 보고합니다.

그래서 AI 시대의 글쓰기 교육은 질문 교육과 더욱 긴밀히 맞닿아 있어야 합니다. 아이가 관찰한 것을 자기 말로 풀어 보고, 왜 그렇게 생각했는지 이유를 붙여 보며, 하나의 문장을 스스로 완성해 보는 수업은 결코 낡지 않았습니다. 오히려 거대한 도구 앞에서도 흔들리지 않는 중심을 세우는 가장 기본적인 훈련입니다.

손으로 블록을 쌓으며 구조를 읽어 내는 가베처럼, 손으로 쓴 문장과 스스로 만든 질문은 AI 시대에도 변하지 않는 아이의 토대가 됩니다. 결국 우리가 아이에게 던져야 할 질문은 이것입니다.

"AI가 대신 써 줄 수 있는 말 말고 너만 쓸 수 있는 말은 무엇일까?"

Section 2
한눈에 정리

- **'왜'와 '만약에'가 생각의 방향을 바꾼다.**

  정답을 확인하는 질문은 대화를 닫고 이유와 가능성을 묻는 질문은 생각을 연다. '왜 그렇게 느꼈어?', '만약에 이게 없었다면?'이라는 두 질문이 아이의 사고를 안쪽과 바깥쪽으로 동시에 확장시킵니다.

- **평범한 장면도 '만약에' 하나로 깊어진다.**

  바람 부는 날 그림 한 장에 "만약에 바람이 없다면?"을 얹으면, 아이는 연 · 빨래 · 구름 · 비를 연결하며 세상의 구조를 스스로 읽기 시작합니다.

- **질문은 즉흥이 아니라 준비된 문장에서 나온다.**

  관찰을 여는 질문, 이유를 묻는 질문, 가능성을 여는 질문, 연결을 여는 질문 — 네 가지 틀을 미리 손에 쥐고 있으면, 아이 말에 집중하면서도 생각을 넓히는 대화를 이끌 수 있습니다.

- **AI 시대, 글의 중심은 여전히 '내 말'이다.**

  문장은 AI가 도와줄 수 있지만, 무엇을 말할지는 내가 정해야 합니다. 질문과 표현의 연습은 도구에 휘둘리지 않고 스스로 생각을 이끄는 힘을 키워 줍니다.

생각을 여는 질문 가이드

1 이유를 거슬러 올라갈 때

그 생각은 어디서 시작됐어? 어느 부분을 보다가 떠올랐니?

읽으면서 '어?' 하고 멈춘 데가 있었어?

2 가능성을 펼쳐 볼 때

주인공이 다른 선택을 했다면, 이야기가 어떻게 바뀌었을까?

너라면 어떻게 했을 것 같아? 말했을까, 참았을까?

3 경험과 연결할 때

이 장면을 보니까 떠오르는 네 기억이 있어?

이 인물의 마음을 네가 느껴본 적 있어? 언제였어?

4 스스로 정리해 볼 때

이 이야기를 세 문장으로 줄인다면 어떻게 말할까?

읽기 전이랑 지금 네 안에서 뭐가 달라진 것 같아?

SECTION 3

나만의 말, 나만의 글: 가정에서 자라는 표현의 힘

1

말과 글의 차이를 이해하는 글쓰기 출발점

말은 잘하는데 글이 막히는 이유

아이들은 말로는 자신의 생각과 감정을 비교적 잘 풀어냅니다. 하지만 글로 옮기려 하면 '좋았다', '놀았다' 같은 짧은 표현에 머무르기 쉽고 문장이 단순해져 중심 내용을 파악하기 어려운 경우가 많습니다.

이런 경우 많은 부모님들이 '글쓰기 실력이 부족하다'고 생각하기 쉽지만, 실제로는 글쓰기와 말하기에 동원되는 뇌의 영역과 과정이 다르기 때문입니다. 말은 대화를 통해 실시간으로 흘러가고, 상대의 반응에 따라 다음 말을 쉽게 이어갈 수 있습니다. 하지만 글은 단어를 고르고, 순서를 정하고, 문장을 완성해 하나의 구조를 만들어야 합니다. 앞서 살펴본 것처럼, 글쓰기는 말하기보다 훨씬 복잡한 인지 과정을 요구하기에 더 높은 집중력과 에너지가 필요합니다.

글을 쓰는 중간에 생각이 정리되지 않거나, 어떤 순서로 표현해야 할지 막막해지면, 아이는 안전하고 익숙한 짧은 단문으로 돌아가 버립니다. 이럴 때는 글쓰기 자체를 비판하기보다 아이의 말 속에 이미 나와 있는 중요한 내용을 어떻게 붙잡아 쓸 수 있을지 도와주는 것이 중요합니다.

"그때 진짜 무서웠어요."
"그 말을 글로도 써 볼까? 왜 무서웠는지도 같이 써 보면 좋겠네."

이렇게 대화를 다시 글로 전환해 주는 안내가, 아이에게는 글쓰기의 발판이 됩니다.

읽었는데 설명을 못해요

"책은 읽었는데 뭐가 재미있었냐고 하면 대답을 못 해요." 저학년 부모님들께서 자주 하시는 말입니다. 하지만 대부분은 내용을 몰라서가 아니라, 핵심을 고르고 순서를 정해 말로 정리하는 힘이 아직 자라나는 중이기 때문입니다.

아이가 혼자 글자를 해독하느라 에너지를 많이 쓰면, 내용 이해와 추론에는 집중하기 어려워집니다. 그래서 읽기 이해는 '글자 해독'과 '의미 구성'이 함께 작동할 수 있는 환경에서 더 잘 일어납니다. 이때 어른이 읽어주면 해독 부담이 줄어, 아이가 줄거리와 어휘, 이유를 붙잡는 데 더 집중하기 쉬워집니다. 상호작용이 있는 함께 읽기가 어휘와 이해를 돕는다는 연구도 꾸준히 축적되어 있습니다.

그래서 읽어 주기는 유아기에서 멈추지 말고, 초등에서도 짧게라도 이어가면 좋습니다. 읽고 나서는 긴 감상문 대신 "제일 기억나는 장면 하나만 말해 볼래?"처럼 질문을 작게 시작해 보세요. 아이가 한 말을 한 줄로 받아 적어주면, 말이 글로 옮겨지는 길이 훨씬 쉬워집니다. 설명하는 힘이 아직 정리되는 중이라는 점을 부모님도 더 편안하게 보실 수 있습니다.

쓰기를 싫어하는 아이, 억지로 밀어붙이면 역효과

말로는 생각을 잘 풀던 아이도, '글로 써 볼까?' 하면 갑자기 싫다고 할 때가 있습니다. 생각이 없어서가 아니라 손으로 쓰는 일이 말보다 느리고 힘들기 때문입니다. 에너지도 훨씬 많이 들지요. 머릿속에서는 이미 정리된 생각도, 종이 위에 옮기려면 다시 한번 집중해야 하니까요.

이럴 때 억지로 밀어붙이면 역효과가 납니다. 아이가 스스로 선택했다는 느낌 없이 외부에서 강제된 과제는, 끝나자마자 동기도 함께 사라집니다. 더 나쁜 경우, 글쓰기 자체에 대한 부정적 감정이 쌓여 '쓰기 불안'으로 굳어지기도 합니다. 아무리 좋은 논술 방법이라도, 아이가 받아들이지 않고 억지로 한다면 의미가 없습니다. 그래서 저는 이런 방식으로 조율합니다.

"선생님이 네가 방금 한 말 그대로 적어 줄게. 나중에 네가 직접 써도 좋아."

이렇게 하면 아이는 자기 말이 글이 되는 경험을 부담 없이 합니다. 조금 익숙해지면 '세 문장 중에 한 문장만 네가 직접 써 볼래?'라고 제안합니다. 전부 떠맡기지 않으면서, 조금씩 쓰는 비중을 늘려 가는 방식이지요. 받아쓰기에서 함께 쓰기로, 함께 쓰기에서 혼자 쓰기로. 이 흐름이 끊기지 않고 이어질 때, 아이는 글쓰기를 '해야 하는 일'이 아니라 '할 수 있는 일'로 느끼기 시작합니다.

결국 말은 흘러가고, 글은 붙잡는 일입니다.

아이가 먼저 말로 꺼낸 생각을 함께 붙잡아 주는 경험이 쌓일수록, 글은 더 이상 막히는 과제가 아니라 '내 생각을 남기는 방법'으로 바뀌어 갑니다. 그렇게 차곡차곡 쌓인 글이 나중에는 더 긴 글이나 서술형 문제도 감당하게 하는 힘이 됩니다.

2

이야기 흐름을 붙잡는 4컷 구성 활동

기승전결 구조를 자연스럽게 익히는 방법

책을 읽은 뒤 줄거리를 구조적으로 정리해 말하거나 쓰는 일은 아이에게 결코 쉽지 않습니다. 장면은 기억하지만 앞뒤 순서가 뒤섞이거나 중요한 전개 없이 결말로 건너뛰는 경우도 많지요. 이때 이야기를 붙잡아 줄 도구가 바로 '4컷 구성 활동'입니다.

먼저 아이에게 기승전결의 뜻을 짚어 줍니다. 시작(起), 전개(承), 전환(轉), 마무리(結)라는 말만으로는 막연할 수 있으니 아이가 아는 만화를 예로 들어 설명하면 훨씬 쉽습니다.

"처음엔 평화롭다가, 갑자기 사건이 생기고, 그걸 해결하려는 노력이 이어지지. 결국 다시 평화가 찾아오지? 이게 기승전결이야."

아이는 자기가 아는 이야기 속에서 이 흐름을 곧잘 찾아냅니다.

4컷으로 이야기의 뼈대 잡기

그림 94 개구리 왕자 4컷 그림과 한 줄 요약하기

이제 책으로 돌아옵니다. 예를 들어 『개구리 왕자』를 읽은 뒤, "이 이야기를 네 장면으로 나눠서 그려 볼까?"라고 제안하면, 아이들은 이야기의 흐름을 떠올리며 중요한 장면을 고르기 시작합니다. 이때 교사는 순서를 먼저 정리해 주기보다 아이가 먼저 장면을 정하고 그 이유를 말하도록 유도합니다. 스스로 어디가 시작이고 어떤 사건이 중심인지 판단하는 과정이 구조를 익히는 핵심이기 때문입니다.

그림 실력이 중요한 것은 아닙니다. 졸라맨 같은 간단한 그림도 충분합니다. 중요한 것은 장면을 나누는 기준과, 각 장면을 한 문장으로 고정하는 과정입니다. '공주가 공을 잃어버렸다 → 개구리가 조건을 건다 → 공주가 약속을 어긴다 → 개구리가 왕자로 변한다' 아이가 이렇게 직접 나누고 쓰는 것이 핵심입니다.

이런 구조화 활동은 단순한 줄거리 암기와 다릅니다. 한 장면을 고를 때마다 '왜 이 장면이 중요한가', '다음 사건과 어떤 연결이 있는가'를 자연스럽게 생각하게 됩니다.

왜 4컷 구성이 뇌 발달에 도움이 될까

앞서 살펴본 것처럼 생각을 순서대로 정리하고 핵심을 추려내는 일은 뇌의 실행 기능이 담당합니다. 4컷 구성은 이 기능을 자연스럽게 훈련시킵니다.

이야기 전체를 기억하면서 네 장면을 고르는 과정에서 작업 기억이 작동합니다. 개별 장면을 연결해 전체 이야기로 통합하는 과정에서는 해마가 활발해집니다. 연구에 따르면 이런 훈련은 언어, 수학, 자기 조절 능력에도 긍정적인 전이 효과가 있습니다.

요약은 단순히 줄이는 일이 아닙니다. 선택–압축–재구성의 과정입니다. 무엇이 중요한지 판단하고, 덜 중요한 것은 덜어내고, 남은 것을 새로운 순서로 엮어야 합니다. 이런 경험이 쌓이면서, 아이는 정보를 자기 방식으로 정리하는 힘을 조금씩 단단하게 갖게 됩니다.

집에서 이어가는 4컷 구성

처음부터 어려운 요약을 시키면 아이가 지칩니다. "제일 기억나는 장면 하나만 골라 볼래?"에서 시작해, 점차 "네 장면으로 나눠 볼까?", "전체 줄거리를 네 문장으로 정리해 볼까?"로 확장합니다. 각 그림에 한 문장씩 써 보도록 하면 됩니다. 활동 시간은 짧아 보일 수 있지만, 그 안에서는 읽기 · 기억 · 정리 · 표현이 자연스럽게 이어지는 복합적인 사고 과정이 함께 작동합니다. 이 틀이 생기면 아이는 이야기를 읽을 때 흐름을 예측하며 따라가고 쓸 때도 처음－중간－끝을 미리 설계할 수 있습니다.

3

생각의 결을 밖으로 꺼내는 방법

생각 그물로 보는 아이의 머릿속 지도

아이들은 글을 쓰기 전 머릿속에 생각이 가득하지만 막상 문장으로 꺼내려 하면 어디서부터 시작해야 할지 막막해합니다. '생각 그물(마인드맵)'은 이런 생각을 눈앞에 펼쳐 보이게 도와줍니다. 중심 주제를 가운데 두고, 거기서 뻗어 나오는 생각들을 선과 단어로 이어 가는 활동을 '생각 그물'이라고 합니다.

예를 들어 「풍향개비」 그림을 보고 주제를 찾은 뒤, 가운데에 중심 단어 '바람'을 씁니다. 그리고 바람에서 떠오르는 단어를 동그라미에 적어 '날씨 – 가을 – 하늘'처럼 가지를 뻗고, 각 가지를 더 구체적인 말로 확장해 생각 지도를 완성합니다.

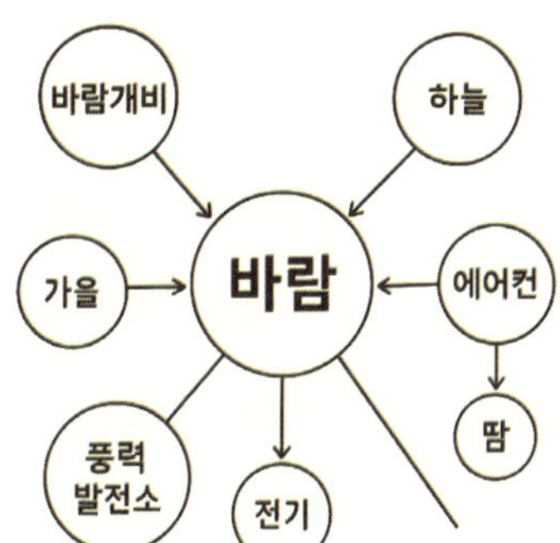

그림 95 중심 단어 '바람'의 생각그물

이 활동은 연상 능력을 키우는 데에도 탁월합니다. 가령 '겨울 음식'이라는 주제에서는 '귤', '호빵', '어묵' 같은 친숙한 단어에서 출발해 '엄마와 간식 먹던 기억', '뜨거운 국물의 따뜻함' 같은 감각적인 표현으로 연결됩니다. 이렇게 감정과 기억이 섞인 단어들은, 나중에 글을 쓸 때 훨씬 살아 있는 문장으로 이어집니다.

또한 생각 그물은 단순한 아이디어 나열을 넘어서, 관련성의 흐름을 발견하게 해 줍니다. 아이가 처음에는 자유롭게 단어를 뻗어가다가, 나중에 가지 사이를 선으로 이어 보게 하면 '어? 이 두 가지가 연결되네.' 하는 깨달음이 생깁니다.

이런 과정을 거치면서, 아이는 생각을 이어 붙이는 데 점점 익숙해집니다. 그리고 여기서 한 걸음만 더 나아가면, 그물 속 단어들이 첫 문장이 됩니다.

생각 그물은 단어를 모으는 데서 끝나지 않고, 문장으로 이어질 때 힘이 더 커집니다. 저는 보통 생각 그물을 그린 다음, 아이에게 먼저 단어를 고르게 합니다. 아이가 단어를 고르면, 다음에는 단어를 이어 문장 만들기를 합니다.

예를 들면 '바람', '깃발', '연'을 골랐다면 "이 단어를 연결해서 하나의 문장으로 써 볼까?"하고 묻습니다. 그러면 아이는 이리저리 생각하다 "바람이 불면 깃발이 펄럭이고 연이 날아가요."처럼 단어 사이의 관계를 연결해 문장을 만듭니다.

단어를 문장으로 연결하는 활동은 단순한 쓰기 연습이 아닙니다. 어떤 단어를 먼저 쓰고, 어떻게 연결할지를 고민하며 생각의 흐름을 스스로 조직하는 과정입니다. 이런 경험이 쌓이면, 아이는 '이제 써 볼까?'라는 자신감을 갖게 됩니다. 생각 그물에서 시작해 문장으로, 문장에서 짧은 글로—글쓰기는 이렇게 한 걸음씩 나아갑니다.

주제 중심 사고의 확장 훈련

이 활동은 글쓰기뿐 아니라 토론, 발표, 자기표현 등 다양한 영역에 응용할 수 있습니다. 특히 중심 주제를 정하고 관련 개념들을 연결해 나가는 과정은, 주제 중심 사고력을 키우는 훈련이기도 합니다.

아이가 '겨울 방학'을 주제로 생각 그물을 그릴 때, 기대되는 일뿐 아니라 아쉬운 점, 가장 하고 싶은 것, 작년과 다른 점 같은 가지를 스스로 만들면서 사고의 방향이 넓어집니다. 그물의 가지를 직접 정하는 것 자체가 사고의 영역을 확장하는 기회입니다.

처음에는 생각나는 대로 단어를 쓰다가도, 교사가 "혹시 시간에 따라 나눠 볼 수 있을까?", "장소별로 정리해 보면 어때?"라고 도와주면, 아이는 분류의 기준을 스스로 발견하게 돼요.

이때 중요한 것은 정답을 정해 놓지 않는 것입니다. 아이마다 생각의 구조는 다르고, 연결 방식에도 차이가 있어요. 생각 그물은 그 차이를 드러내고 존중하는 과정이기도 합니다.

"주제는 정했는데, 무슨 말을 해야 할지 모르겠어요." 이렇게 말하는 아이에게 "그럼, 떠오르는 단어부터 한번 써 볼까?"라고 유도하면 훨씬 부담이 줄어들어요. 그물 형태로 생각이 쌓이면, 아이는 어떤 가지에서 글을 시작할지 스스로 고를 수 있고, 글의 순서나 구조도 미리 설계할 수 있게 됩니다.

이 방식은 책을 읽은 뒤에도 유용해요. 주제를 중심에 두고 주요 인물, 사건, 장소를 가지로 뻗어 나가면, 줄거리 요약과 인과관계 정리가 자연스럽게 이루어집니다. 이때 교사는 '무엇을 중심에 두었는가', '가지를 어떤 기준으로 묶었는가'를 통해 아이의 독해 방향과 이해 수준을 살필 수 있어요.

이처럼 생각 그물은 흩어진 생각을 한 장면으로 모아, 글의 출발점을 정리해 줍니다. 이 과정을 거치며 아이는 글쓰기가 문장을 꾸미는 일이 아니라, 생각을 정리해 꺼내는 일이라는 걸 몸으로 알게 됩니다.

집에서 이어가는 생각 그물

노트에 중심 주제를 가운데에 크게 쓰고, 아이가 자유롭게 단어나 그림을 뻗어가며 표현하게 합니다. 선은 곧게 뻗지 않아도 되고, 각 단어에 색이나 간단한 그림을 곁들이면 아이의 몰입도가 높아집니다. 흩어져 있던 생각이 하나의 흐름으로 이어지면, 아이는 이야기의 틀을 스스로 만들기 시작합니다.

4

자기만의 글로 정리하는 표현 수업

한 줄 정리에서 '내 시'로, 표현력은 이렇게 자라납니다

가베 논술 수업 중에 '한 줄 정리'가 있습니다. 수업이 끝난 뒤나 하루를 마무리하며, 오늘의 생각을 한 줄로 남기는 활동입니다. 한 줄 연습을 하다 보면 아이들은 점점 자기 감정을 압축하고 구체화하는 데 익숙해집니다. 이 연습이 쌓이면, 한 주 동안 떠오른 생각을 모아 자기만의 시로 풀어내는 것도 가능해집니다.

다음은 초등학교 6학년 아이가 직접 쓴 시입니다.

제목: 바다

칠흑 같이 어두운 밤
나는 모래 바닥에 앉는다.

바다의 모든 것들은 어우러지지만
나는 쓸쓸히 바다를 바라본다.
사람들도 서로 서로 어울리지만
나는 외로이 바다를 바라본다.
동트는 새벽녘
하늘의 모든 것들은 어울리지만
나는 홀로 바다를 바라볼 뿐
내겐 아무도, 아무것도 없다.
내겐 그저 바다만 있을 뿐
아무것도 없다.

조영율 作 (초등 6학년)

이 시에서 아이는 모두가 어우러지는 풍경을 바라보며, 그 안에서 혼자 남아 있는 위치를 되짚습니다. 같은 장면이 반복될수록, 바다는 배경이 아니라 아이의 마음이 머문 자리로 남습니다. 이어지는 시에서는 눈앞의 풍경보다, 마음속에 그려진 장면이 먼저 놓여요.

제목: 노을

하늘 위에 새빨간 노을
가을의 새빨간 단풍처럼 붉다.
하늘 위에서 아이들이 불장난을 하나?
새빨간 불로 하늘이 가득하다.

하늘 위에 노란 노을
마트에 샛노란 레몬처럼 밝다.
하늘 위에 개나리 꽃이 피었나?
샛노란 개나리 꽃이 가득하다.
노을을 보면
내 마음도 울긋불긋 물든다.

최세현 作 (초등 6학년)

이 시는 하늘의 색을 바라본 장면에서 출발해요. 단풍과 레몬, 개나리처럼 눈에 보이는 색을 하나씩 불러오며, 아이는 먼저 풍경을 붙잡아요. 글의 끝에서는 그 색이 마음의 상태로 옮겨 오고, 감정은 따로 설명되지 않은 채 남아요. 이 과정에서 교사의 역할은 표현을 고쳐 주는 사람이 아닙니다. 방향을 정해 주는 사람도 아닙니다. 아이의 말을 다시 한번 되짚어 주는 사람입니다.

"바다가 외로워 보였다고 했구나."
"노을 색이 네 마음까지 물들였다는 표현이 인상 깊어."

이렇게 한 문장을 되돌려 주는 것만으로도, 아이는 자신의 말이 그대로 남아도 된다는 경험을 합니다. 그리고 마음을 글로 꺼내 보이는 연습을 하게 됩니다.

Section 3
한눈에 정리

- **말은 글의 재료이다. 먼저 말하게 한다.**

  아이들은 말할 수 있는 만큼 글을 쓸 수 있습니다. 글이 막힐 때는 생각이 없는 것이 아니라, 아직 문장으로 붙잡는 훈련이 부족한 것입니다. 말을 글의 출발점으로 삼고, 그 말을 문장으로 옮기는 순서를 지켜 주세요.

- **구조화는 글쓰기의 첫 설계이다.**

  '재미있었다' 한 줄에서 글이 자라는 것이 아니라, 이야기의 흐름을 붙잡는 경험에서 글이 자랍니다. 4컷 구성과 기승전결 구조는 스스로 이야기를 정리하고 기억을 설계하는 힘을 길러 줍니다.

- **생각은 보일 때 정리된다.**

  생각 그물(마인드맵)처럼 머릿속을 시각화하면, 쓸 거리 · 주제 · 문장을 찾기 쉬워집니다. 생각을 펼치고 묶는 과정이 곧 글쓰기의 구조적 감각이 됩니다.

- **표현은 정답이 아니라 자기 언어이다.**

  글쓰기의 목적은 '예쁜 문장'이 아니라 '나만의 문장'입니다. 한 줄 정리, 감정 단어 찾기, 내 시 쓰기는 아이가 자기 말로 세계를 해석하는 힘을 키워 줍니다.

생각을 여는 질문 가이드

❶ 글이 막힐 때

말로 먼저 이야기해 줄래? 자꾸 떠오르는 장면이 뭐야?

그 장면에서 들리는 소리가 있다면 어떤 소리일까?

❷ 이야기를 구조화할 때

이 이야기를 네 장면으로 나눈다면 어디서부터 자를까?

첫 장면과 마지막 장면 사이에 어떤 변화가 있었어?

❸ 생각을 확장할 때

이 주제에서 떠오르는 단어를 아무거나 적어 볼까?

이 단어들 중에서, 문장으로 묶을 수 있는 건 뭐가 있을까?

❹ 동시 필사 · 동시 짓기와 연결할 때

이 동시에서 네가 따라 쓰고 싶은 문장은 어디야? 왜 그 문장이 마음에 남아?

이 동시의 리듬을 빌려서 네 이야기를 넣는다면, 첫 줄은 뭐라고 시작할까?

SECTION 4

질문을 넘어서, 나의 이야기로: 사고가 언어가 될 때

1

틀려도 괜찮은 첫 말, 첫 글

글쓰기에서 가장 큰 장애물은 능력이 아니라 불안입니다.

아이가 쓰는 동안 자주 고쳐지는 언어에 노출되면, 생각은 문장이 아니라 '틀리지 않는 법'에 머뭅니다. 그래서 이 시기에는 '잘 쓰자.'보다 '끝까지 써 보자.'라는 말이 아이의 사고 흐름을 지켜 줍니다.

연필을 쥔 손에서 일어나는 일

실제 수업에서 만나는 아이들의 모습은 다양합니다. 저학년 중에는 받침을 소리 나는 대로 쓰는 아이가 많습니다. '같이'를 '갔이'로, '먹었어요'를 '머거써요'로 쓰는 식입니다. 글씨를 또박또박 쓰기보다, 그리듯이 흘려 쓰는 아이도 있습니다. 이런 모습을 보면, 아이가 아직 글씨를 모른다고 느끼며 조급해지기 쉽습니다.

하지만 이 시기 아이들은 글씨를 쓰는 원리를 담당하는 뇌가 아직 발달

중입니다.

한 줄을 쓰는 데도 많은 에너지가 필요하지요. 힘 조절이 익숙하지 않아 연필을 꽉 쥐는 데 집중해야 하고, 방금 떠올린 생각을 잊지 않으려 애쓰다 보니, 철자까지 동시에 신경 쓸 여유가 없는 것입니다.

중학생의 글도 마찬가지입니다. 여전히 철자가 틀리거나 글씨가 흐트러져 교정이 필요한 경우가 있습니다. 그러나 아이가 생각을 풀어가며 집중하고 있다면 그 흐름을 먼저 지켜 주는 편이 좋습니다. 연령은 달라도, 쓰는 동안 평가를 받거나 개입이 생기면 사고가 멈춘다는 원리는 같습니다. 그래서 지금은 맞춤법보다, 끝까지 써 보는 경험이 먼저입니다.

잘 쓰는 글보다, 자기 마음을 아는 글

가베 논술은 손으로 길러 온 내면의 언어를 연필로 옮겨, 또 다른 형식의 표현으로 완성해 가는 과정입니다. 교구로 만들고 이야기하던 세계는 그림과 책을 거쳐 글로 이어집니다. 가베 블록을 쌓으며 구조를 보고, 그 안에 이야기를 만들어 놀던 아이의 생각이 글 속에서 더 넓게 펼쳐지는 것이지요.

가베 교구를 통해 아이가 말보다 손으로 자신을 분명히 표현해 왔다면, 글쓰기는 그 마음을 의식적으로 바라보고 언어로 옮기는 단계입니다. 이 과정에서 중요한 것은 '잘 쓰는 글'이 아니라, 자기 마음을 알아차리는 글입니다.

이때 어른의 역할은 문장의 완성도를 먼저 잡는 것이 아니라, 아이가 끝까지 써 보도록 지켜 주는 데 있습니다. 한 줄이라도 자기 말로 남겨 본 경험이 쌓일수록, 아이는 스스로를 더 잘 이해하고, 더 분명하게 표현하는 사람으로 자라납니다. 그래서 저는 수업이 끝날 때, 아이에게 이렇게 말해 줍니다.

"오늘 글을 잘 썼는지보다, 네가 어떤 마음을 남겼는지가 더 중요해."

아이가 자기 마음을 솔직하게 꺼내 놓을 수 있을 때, 글쓰기는 공부를 넘어 삶을 정리하는 기술이 됩니다. 글은 시험지가 아니라 마음을 놓는 자리여야 합니다. 그 자리가 안전하다고 느껴질 때, 아이는 비로소 자기 이야기를 꺼내기 시작합니다.

2

세 줄이면 충분한 자기 글쓰기 루틴

감정 어휘를 넓히고 단어와 이미지를 연결하는 힘

책을 재미있게 읽었다고 말하던 아이들도, 막상 그 감정을 글로 옮겨 보자고 하면 '재미있었다.', '나도 주인공처럼 해야겠다.'처럼 공식 같은 문장을 나열하곤 합니다. 그럴 때면 저는 아이들에게 이렇게 묻습니다.

"놀이기구 탈 때도 재밌고, 친구랑 수다 떨 때도 재밌고, 게임할 때도 재밌는데—왜 전부 똑같은 '재밌다'야? '재밌다'의 정도가 모두 똑같았어?"
"친한 친구와 헤어져서 슬픈 것과 혼나서 슬픈 것, 같은 크기의 슬픔일까?"

아이들은 모두 아니라고 답합니다. 그런데 우리는 몇 개의 익숙한 단어로 다양한 감정을 한데 묶어 말하곤 합니다. 하지만 실제 마음은 훨씬 더 섬세한 결을 가지고 있습니다. 감정을 자기 마음에 맞는 말로 고를수록,

아이는 그 마음을 다루는 데도 한결 수월해집니다. 이름이 없던 감정에 이름 붙여진 순간, 그 감정은 아이 손에 잡히는 단어가 되지요.

그래서 저는 글쓰기 지도 전에, 아이와 함께 감정의 결을 들여다보는 시간을 먼저 갖습니다.

"지금 네 마음은 어떤 색깔 같아?", "이 느낌과 가장 가까운 단어는 뭐였을까?"라고 묻는 것만으로도, 아이는 자신의 마음을 한 번 더 바라보게 됩니다.

여기서 한 걸음 더 나아가 사전을 펼쳐 '슬프다'와 비슷한 말을 5개, 10개 찾아봅니다.

'서글프다', '처량하다', '애잔하다', '쓸쓸하다'—아이들은 같은 슬픔에도 이렇게 다른 이름이 있다는 사실에 놀랍니다. 그리고 찾은 단어로 문장을 만들어 볼 때, 그 말은 비로소 아이의 것이 됩니다.

'세 줄 쓰기'로 만드는 나의 언어

감정의 결을 세분화하는 과정이 익숙해지면 아이는 마음을 말로 옮기는 데 부담을 덜 느끼게 됩니다. 그래서 다음은 '세 줄 쓰기'로 이어집니다.

관찰 한 줄, 감정 한 줄, 이유 한 줄입니다. 이 세 줄 글쓰기 루틴은 어휘를 확장하는 훈련으로 자연스럽게 이어 갈 수 있습니다.

10세 지민이는 늘 '기뻤다'만 쓰던 아이였습니다. 그래서 우리는 사전을 함께 펼쳐 즐겁다, 흐뭇하다, 벅차다 같은 표현을 찾아보았습니다. 그리고 세 줄 쓰기에 맞춰 글을 씁니다.

처음 관찰 한 줄에는 이렇게 쓰여 있었습니다. '대회에서 상을 탔습니다.', 감정 한 줄에는 '마음이 벅찼습니다.' 그리고 마지막 이유 한 줄에는 '오래 연습했기 때문입니다.'

이 세 줄을 합쳐 지민이는 이렇게 썼습니다.

'대회에서 상 탔을 때, 오래 연습했던 시간이 떠올라 마음이 벅찼어요.'

이 문장은 감정을 나열한 것이 아니라, 자기 마음에 맞는 말을 선택한 결과입니다.

이처럼 감정을 정확한 언어로 표현하는 일은, 프뢰벨이 말한 '아이 안에 있는 것을 밖으로 꺼내는 교육'과 맞닿아 있습니다. 자기 마음을 스스로 알아차리고, 그 마음을 왜곡하지 않은 언어로 꺼낼 수 있다는 것은 곧 자기 자신을 존중하는 힘이기 때문입니다.

내가 무엇을 느끼는지 알고, 그 느낌을 책임 있게 말할 수 있는 아이는 타인의 마음도 함부로 다루지 않습니다. 이렇게 길러진 언어는 단순한 표현 기술이 아니라, 주체적으로 관계를 맺고 삶을 살아가는 태도가 됩니다.

프뢰벨 교육이 지향한 것도 결국 이 지점입니다.

아이 스스로 자기 안의 세계를 발견하고, 그 마음을 언어로 세상과 연결해 나가는 힘.

감정을 정확히 말할 수 있는 아이는, 이미 자기 삶의 중심을 세우고 있는 중입니다.

3

스스로 질문을 만드는 아이

상징을 붙잡고 스스로 질문을 만드는 힘

보이는 문장에서 보이지 않는 세계로 건너가기

프뢰벨 그림에서 '보이는 것'을 붙잡았다면, 이제 아이는 이야기 속에서 스스로 '왜?'를 묻기 시작합니다. 이 질문이 생길 때, 읽기는 해석으로 바뀌고 글쓰기로 이어집니다.

예를 들어 『꽃들에게 희망을』을 읽은 아이가 이렇게 말했습니다.

"기둥에 오르는 호랑 애벌레는 끝까지 올라가 보는데, 노랑 애벌레는 도전하지 않는 것 같아요."

아이 눈에는 호랑 애벌레의 도전 정신이 대단하게 느껴졌나 봅니다. 여기서 중요한 것은 판단이 아니라, '아이가 어디에 시선을 멈추었느냐'입니다.

그러다 아이는 "왜 노랑 애벌레는 기둥에 안 가지?"라는 질문을 스스로 만들어 냅니다.

저는 "그동안 기둥에 오르던 일이 어떤 일이었는지 다시 한번 살펴봐."라고 말하며 아이의 생각이 이어지도록 붙잡아 줍니다.

아이는 책을 다시 살피며 그 과정 속에서 애벌레들이 어떤 일을 했고, 호랑 애벌레와 노랑 애벌레가 무엇 때문에 땅으로 내려왔는지 헤아리기 시작합니다. 아이는 다시 살피며 주인공들의 감정을 들여다보고, 무엇이 문제였는지 재발견하며 관점을 바꾸기 시작해요.

아이마다 오래 머무는 장면은 다릅니다. 그건 아이가 상징을 붙잡기 시작했다는 신호이지요. 아이는 글 속 사물 · 행동 · 배경에서 눈에 보이지 않는 의미를 찾아내고, 그것을 자기 경험과 감정에 자연스럽게 연결합니다. 이제부터는 누군가의 질문이 아니라 자기 질문을 시작합니다.

처음에는 교사가 건넨 질문을 아이가 공책에 받아 적습니다. 이 과정이 쌓이면서 아이는 질문의 형식을 몸으로 익히게 됩니다. '왜 여기서 도둑이라고 말한 걸까?', '이 장면에서 주인공의 마음은 어땠을까?' 같은 질문을 공책에 받아 적으며, 아이는 질문의 구조를 자연스럽게 익히지요. 이 질문법이 익숙해지면 아이도 스스로 질문을 만들기 시작합니다.

다음은 『천둥아, 내 외침을 들어라』를 읽은 아이가 만든 질문입니다.

'왜 비 오는 날 구덩이를 팠지?', '왜 티제이가 백인 친구를 데려왔지?', '내가 스테이시라면 티제이를 도와줬을까?'

질문에서 해석으로, 해석에서 글쓰기로

자기 질문이 생긴 아이는 책을 읽으며 사색의 시간을 갖습니다. 어떤 문장은 반복해 읽고, 특정 장면에서는 생각이 오래 머물며 등장인물의 행동을 곱씹지요. 교사가 던지는 질문이 아이를 한 단계 이끌어 주는 디딤돌이라면, 아이 스스로 만든 질문은 사고력이 키워지는 계단이에요. 이때 아이의 읽기는 달라집니다. 문장을 따라가는 독자에서 벗어나, 이야기 속 세계를 자기 기준으로 해석하는 독자가 됩니다.

이 질문은 글쓰기를 시작할 때 강력한 발판이 돼요. 글쓰기의 가장 어려운 지점은 '무엇을 쓸지'가 정해지지 않았을 때인데, 자기 질문이 있는 아이는 이미 중심 주제를 붙잡은 상태입니다. 앞서 본 '왜 노랑 애벌레는 기둥에 안 가지?'라는 질문은 자연스럽게 이유를 찾는 글로 이어지고, '내가 스테이시라면 티제이를 도와줬을까?'라는 질문은 감정과 경험을 연결한 해석 글이 돼요. 이때 글에 남는 문장은 기술이 아니라, 질문을 따라간 사고의 흔적입니다. 손으로 만든 구조를 설명하듯, 독서에서도 자기 질문을 중심으로 사고의 구조가 세워지기 때문이에요.

아이는 질문을 적고 나서 곧바로 답을 쓰지 않습니다. 책을 다시 들여다보고, 장면을 곱씹고, 자기 경험과 연결해 봅니다. 그 시간이 지나고 나서야 글이 시작됩니다. 질문이 먼저 있었기에, 글은 방향을 잃지 않습니다.

4

결국 아이의 언어는 집에서 완성된다

아이의 언어는 부모의 말에서 만들어진다

"설명하기가 좀 어려워요."

아이는 이미 느끼고 있지만, 그 느낌을 말로 옮기는 중간에 잠시 서 있는 상태입니다.

아이들의 글을 오래 읽다 보면, 그 문장에는 집의 분위기와 부모의 말투가 자연스럽게 배어 있습니다. 감정을 표현하는 단어, 문장의 리듬, 갈등을 설명하는 방식까지도 아이가 가장 자주 듣는 말의 결을 그대로 닮아 있지요.

어떤 아이는 "억울했어요.", "서운했어요."처럼 감정을 정확하게 구분해 말하는데, 그 아이의 부모는 평소 "그건 속상하겠다.", "그 상황이면 억울할 수 있지."처럼 감정을 세분화해 표현하는 분이었습니다. 반대로 어떤 아이는 모든 감정을 "짜증났어요."로 뭉뚱그려 말하곤 했는데, 그 집에서도 다양한 불편함을 모두 '짜증'이라는 말로 표현하는 경우가 잦았어요. 아이는 부모의 말투를 흉내 내는 것이 아니라, 생각을 정리하는 기준으로 받아들입니다. 그 언어로 세상을 보고, 감정을 정리하고, 자신의 마음을 설명합니다.

한 어머님의 이야기는 부모의 언어가 아이의 마음을 어떻게 빚는지를 또렷하게 보여줍니다. 아이가 학교에서 친하지 않은 친구 때문에 매일 속상해하자, 그 어머니는 "그 친구랑 부딪히지 말고 피해."라고 조언했습니다. 그런데 며칠 뒤 같은 상황이 벌어지자, 아이는 그 친구에게 "우리 엄마가 너랑 놀지 말래."라고 말했어요. 이 말을 들은 어머님은 아이의 말에 깜짝 놀라셨습니다. 그리고 말했습니다.

"그건 네 진짜 마음이 아니야. 엄마를 핑계로 뒤에 숨은 거야. 그건 비겁한 거라고. 차라리 '네가 이렇게 해서 난 불편해. 그래서 같이 놀고 싶지 않아'라고 솔직하게 말했어야지."

저는 이 말이 오래 남았습니다. 이 어머님은 아이의 말을 바로 꾸짖은 것이 아니라, 아이가 자기 마음을 자기 언어로 말하지 못한 지점을 정확히 짚어 준 것이에요.

"왜 그런 말을 했어?"라며 채근하는 대신, 너의 마음을 남 뒤에 숨기지 않는 법을 가르친 것이지요. 문제의 본질을 보려는 자세, 스스로의 감정을 분명하게 말하도록 이끄는 화법, 회피 대신 솔직함을 선택하도록 돕는 태도는 모두 부모의 언어에서 시작됩니다. 저는 이 어머님을 보며, 아이의 언어는 부모의 언어에서 자라난다는 사실을 다시 한번 깨달았습니다.

아이의 표현력은 아이 혼자 키울 수 있는 능력이 아닙니다. 아이는 자신이 들은 언어의 범위 안에서만 생각하고 말할 수 있어요. 감정을 세분화해 말하는 법, 사실과 해석을 구분하는 법, 솔직한 마음을 전하는 법—부모가 먼저 익힐 때, 아이는 그 모습을 자연스럽게 따라 배웁니다.

읽기 · 질문 · 쓰기 수업이 아무리 좋아도, 아이가 집에서 "빨리 해.", "그만해.", "왜 그랬어?" 같은 닫힌 문장을 반복해서 듣는다면 사고의 문이 열리기 어렵습니다. 반대로 "어떤 점이 어려웠어?", "너는 어떻게 하고 싶어?", "지금 네 마음은 어때?"와 같은 탐색형 문장을 듣는 아이는 자신의 생각을 더 오래 붙잡고, 그 생각을 말로 정리하는 경험을 반복하게 됩니다.

부모의 말은 아이의 사고 습관을 만들고, 그 습관이 글쓰기의 뼈대가 됩니다. 아이의 언어가 허용하는 만큼만 그 아이의 세계가 열리고, 그만큼 글도 깊어집니다.

가베의 목적은 결국 '나'

부모의 언어가 아이를 둘러싼 환경이라면, 가베는 그 환경 안에서 아이가 자신을 표현해 볼 수 있는 도구입니다. 아이는 블록을 쌓고 기울이고 연결하는 동안, 말로 설명하지 못했던 생각과 감정을 손으로 먼저 드러냅니다. 이 손의 경험은 말로 이어지고, 말은 다시 글로 옮겨집니다. 이렇게 손–말–글이 하나의 흐름으로 이어질 때, 아이는 비로소 자기 자신을 돌아보기 시작합니다.

나는 무엇을 좋아하는 사람인지, 무엇을 할 때 마음이 편안해지는지, 어떤 일에는 오래 머물 수 있고 어떤 일에는 쉽게 지치는지. 이런 질문에 답해 가는 과정이 곧 '나를 아는 일'입니다. 이것이 프뢰벨이 말한 '천부적 재능'의 뜻입니다. 누구나 하늘로부터 가능성을 타고나지만, 그 재능은 경험 속에서만 발견됩니다. 아이는 수많은 시도와 실패, 다시 해 보는 과정을 거치며 내가 어디쯤에 있는지, 나는 어떤 사람인지를 조금씩 가늠하게 됩니다.

AI 시대일수록 이 경험은 더욱 중요해졌습니다. 정보는 넘쳐나고, 생각을 대신해 주는 도구는 많아졌지만, 직접 해 보고 실패해 보고 다시 선택하는 경험까지 대신해 줄 기술은 없습니다. AI는 답을 제시할 수는 있어도, 내가 무엇을 좋아하는 사람인지, 무엇을 하며 살아갈 때 행복한지까지 대신 알려 주지는 못합니다.

이 책이 마지막으로 전하고 싶은 말은 분명합니다. 아이에게 더 많은 정답을 주자는 것이 아니라, 손으로 해 보고 실패해 보고 다시 시도할 기회를 주자는 것입니다. 그 경험 속에서 아이는 '나는 무엇을 할 수 있는 사람인가'를 넘어, '나는 어떤 삶을 살고 싶은 사람인가'를 스스로 알게 됩니다. 자신을 아는 힘은 곧 나답게 살아갈 수 있는 힘이 되고, 나답게 살아가는 힘은 결국 행복으로 이어집니다.

솔로몬의 모든 영광으로도 들에 핀 백합 한 송이만 못하다고 했습니다. 스스로 피어난 것은, 아무리 화려하게 꾸며진 것보다 더 깊은 힘을 지니기 때문입니다.

가베 교육이 바라는 아이의 모습도 그와 같습니다. 세상의 기준으로 채워진 아이가 아니라, 자기 안의 힘으로 자라나 스스로 피어나는 존재.

가베 교육은 그 삶의 방향을 잃지 않도록 곁에서 세워 주는 표지가 될 것입니다.

Section 4
한눈에 정리

- **아이의 언어는 집에서 자란다.**

  매일 듣는 부모의 말투가 아이의 표현 방식에 그대로 스며듭니다. 닫힌 질문은 생각을 좁히고, 열린 질문은 생각을 넓힙니다.

- **감정 어휘가 넓을수록 표현도 깊어진다.**

  '짜증 · 슬픔 · 기쁨'만으로는 마음을 설명하기 어렵습니다. 정확한 감정 단어를 아는 아이일수록 글도 더 정교해집니다.

- **가베는 손으로 쓰는 언어다.**

  손으로 만든 세계를 말로 설명하고, 그 말을 글로 옮기며 아이의 내면이 구조를 갖춥니다. 손–말–글은 모두 하나의 흐름입니다.

- **부모의 언어가 아이의 표현력을 완성한다.**

  부모가 감정을 세분화해 말하고 사실과 해석을 나눠 말할 때 아이도 그 구조를 그대로 배웁니다.

생각을 여는 질문 가이드

❶ 첫 문장이 안 나올 때

지금 머릿속에 떠오르는 단어 3개만 말해 볼래?

쪽지에서 뽑은 두 단어로 문장을 만들어 볼까?(쪽지에 마음대로 단어를 씁니다.)

❷ 감정을 더 정확하게 찾을 때

'재밌었다' 말고, 그 재미가 어떤 종류였어? 신났어? 뿌듯했어? 웃겼어?

이 느낌에 색깔이 있다면 무슨 색일까?

❸ 스스로 질문을 만들게 할 때

이 인물한테 딱 한 가지만 물어본다면 뭘 물어보고 싶어?

작가가 일부러 안 쓴 게 있다면 뭘까?

❹ 자기 언어로 마무리할 때

AI가 대신 써줄 수 없는, 너만 쓸 수 있는 문장은 뭘까?

이 글에서 '나'가 가장 많이 느껴지는 문장은 어디야?

내가 설계한 집 하진서(초등학생)

저는 가베 시간에 집을 지은 일이 가장 기억에 남습니다.

처음에는 전개도를 배웠습니다. 어디에 어떤 면이 와야 하는지, 길이는 얼마나 해야 할지 생각하면서 지우고 고치기를 여러 번 했습니다. 그러다 보니 점점 감을 잡게 되었습니다.

그때 선생님께서 "이제 진짜 나무로 집을 지어 볼 거야."라고 하셨습니다.

처음에는 '어떻게 나무로 집을 만들지? 진짜 집이 될까?' 궁금했지만, 아이스크림 막대로 면을 만들고, 붙이면서 집을 만들 수 있었습니다.

직접 전개도를 그리고, 창문 크기도 정하고, 문 모양도 생각해서 설계하는 시간이 정말 재미있었습니다. 제가 진짜 설계자가 된 기분이었어요.

아이스크림 막대는 벽이 되고, 문이 되고, 2층 집이 되었습니다. 마당에 나무도 만들고 울타리도 세우고 벤치도 놓았습니다.

특히 징검다리를 만들고 싶어서 밖에 나갈 때마다 돌을 찾아다녔고, 예쁜 조약돌을 주워 와서 놓으니 진짜 미니어처 집처럼 완성되어 정말 뿌듯했습니다.

할 수 있겠다는 마음 전수아(초등학생)

어렸을 때부터 가베 수업을 했습니다. 블록과 도형을 직접 만지고 만드는 시간이 재미있었지만, 그 당시에는 그저 재미있는 수업 정도로만 생각했습니다.

하지만 학교 수학 시간에 도형 단원을 배우면서 가베에서 배웠던 내용들이 떠올랐습니다. 이미 접해 본 내용이라 낯설지 않았고, 문제를 이해하는 데에도 도움이 되었습니다. 덕분에 도형 단원이 다른 친구들보다 쉽고 재미있게 느껴졌던 것 같습니다.

자신감도 생겼고, 새로운 내용을 배울 때 겁이 나기보다는 '할 수 있겠다'는 생각이 먼저 들게 되었습니다.

하트 찾기 하윤서(중학생)

많은 도형들 사이에서 하트를 찾던 기억이 가장 오래 남아 있어요. 초등학교 1학년 때, 가베 선생님과 함께 했던 활동이에요.

설명대로 종이에 도형을 그리다 보니, 여러 도형들이 겹쳐서 복잡한 그림이 완성되었어요.

그때 선생님이 "이 안에 하트가 있어. 찾아볼래?" 하고 말하셨어요.

어릴 적 받았던 질문 중 가장 어려운 질문으로 기억해요.

결국 끝내 찾지 못했고, 선생님이 알려 주셨어요. 신기하게도, 알고 나니 너무 쉽게 보였어요.

그때 선생님 말씀이 아직도 기억나요.

"작게 작게 보지 말고, 전체를 크게 보면 더 쉽게 보일 수도 있어."

지금 생각해 보면, 그건 단지 도형을 찾는 활동이 아니었어요. 무언가를 바라보는 '방식'을 배운 시간이었어요.

선택의 용기 **최하현(중학생)**

가베 논술 수업에서 선생님과 함께 책을 읽으며 이야기를 나누었다. 그 과정에서 삶을 바라보는 시야가 넓어졌고, 나 자신에 대해서도 더 깊이 이해하게 되었다.

『데미안』을 읽으며, 두려움을 깨고 나아갈 때 비로소 성장할 수 있다는 것을 배웠다. 어떤 운명이 우리 앞에 놓였을 때, 준비된 사람만이 그 기회를 놓치지 않고 자기 자신을 펼칠 수 있다고 느꼈다. 그래서 기회가 오기 전부터 하나라도 더 준비하며 하루하루를 보내려고 노력하고 있다.

고등학교 진학을 앞두고 진로 고민이 깊어졌을 때, 선생님과 솔직하게 이야기를 나누며 내가 무엇을 좋아하는지 분명하게 알게 되었다. 혼자였다면 그저 꿈으로 끝났을지도 모른다. 하지만 함께 고민해 가면서, 막연했던 길이 점점 구체적으로 보이기 시작했다.

가베 논술 수업에서 만난 문장들 **하윤진(고등학생)**

내가 진심으로 마음에 담고 살고 싶은 책은『연금술사』이다.

'그대의 마음이 있는 곳에 그대의 보물이 있다는 사실을 잊지 말게. 그대가 여행길에서 발견한 모든 것들이 의미를 가질 수 있을 때 그대의 보물은

발견되는 걸세.'

사람들은 종종 보물을 찾기 위해 앞만 보고 나아가다 보면, 자신에게 주어지는 중요한 표지들을 보지 못하고 지나치기도 한다. 하지만 이 문장은 내면의 목소리에 귀 기울이고, 보물을 향해 가는 과정 하나하나의 의미를 깨달을 때 진정한 보물을 찾을 수 있다고 말해 주었다.

이 글을 읽은 이후, 내 꿈을 향해 가는 모든 과정 또한 의미가 있다는 생각을 하게 되었다. 지루하거나 힘들게 느껴지는 순간에도 그 시간을 의미 없이 흘려보내지 않으려 노력하게 되었고, 과정 하나하나를 소중히 여기며 고등학교 생활을 이어 가고 있다.

중학생 시절, 이 책을 읽고 선생님과 깊은 대화를 나누며 나만의 가치관이 형성되었고, 삶을 대하는 태도 역시 달라졌다고 느낀다.

나무 향으로 남은 시간 **박신희(고등학생)**

어릴 적 가베 선생님께서 집으로 데려가 놀이와 수학을 가르쳐 주고, 저녁까지 챙겨 주셨던 기억이 있습니다.

잘못을 꾸짖으신 적도 있었고, 벽 앞에서 울음을 터뜨렸던 저를 따뜻하게 위로해 주셨던 기억도 함께 남아 있네요.

그 시절엔 가베가 뭔지 잘 몰랐습니다. 많은 기억이 희미해졌지만, 가베 블록의 나무 향이 그 시절을 떠올리게 해 주는 향수로 남았습니다.

곧 열아홉인 제게 가베가 이런 향수로 남았다는 건 한마디로

"무지막지엄청나게최고로행복하고소중한추억!!!"

선생님은 공부만 가르친 분이 아니라, 아이의 생활과 마음까지 책임지던 어른이었습니다. 꾸짖음과 보살핌을 동시에 줄 수 있었던 분이었기 때문입니다.

보이지 않는 선까지 생각하다 김민수(고등학생)

유치원 시절, 가베를 통해 입체도형을 처음 접했던 기억이 지금도 또렷하다.

가장 기억에 남는 활동은 정육면체 만들기였다. 가베 통 안의 조각을 꺼내 무너뜨리고, 다시 정육면체로 맞추는 데에는 꽤 오랜 시간이 걸렸다.

작은 입체 조각들을 하나로 모아 정육면체를 만들고, 그 정육면체들을 다시 합쳐 더 큰 정육면체를 만드는 과정에서 나는 면과 모서리, 꼭짓점의 개념을 자연스럽게 이해하게 되었다. 익숙해진 뒤에는 만들 수 있는 모든 경우의 수를 시도해 보고, 눈에 보이지 않는 구조까지 떠올리며 그림으로 그려 보기도 했다.

당시에는 그저 재미있고 해냈다는 성취감에 몰입했지만, 지금 돌아보면 그 경험은 기하와 조합적 사고, 그리고 머릿속으로 구조를 시뮬레이션하는 생각하는 힘의 바탕이 되어 주었다. 직접 해 보지 않고도 머릿속에서 먼저 그려 보는 습관 역시 이때 길러졌다고 생각한다.

가베 수업은 나에게 가장 유익한 경험이었고, 지금의 진로 역시 그때부터 시작되었는지도 모른다. 어린 시절 처음 만난 선생님은 어느 한 면도 빠짐없이 훌륭한 분이었고, 그 만남은 나에게 큰 행운이었다. 지금 내가 꿈을 향해 나아갈 수 있는 힘의 바탕에는, 그 시절의 가베 수업과 선생님이 있다.

사고의 그릇을 키운 시간 김서영(대학생)

선생님과 함께했던 시절을 지나 어느덧 스물세 살이 되었습니다.

색종이로 도형을 만들고, 매주 책을 읽으며 이야기를 나누던 시간들이 선명하게 떠오릅니다.

학창 시절을 지나오며, 점점 스스로 생각할 기회가 줄어든다는 느낌을 받습니다. 어쩌면 지금은 '생각하는 것이 귀찮아진 시대'인지도 모르겠습니다. 어린아이들마저 스마트폰에 익숙한 시대에, 직접 경험할 기회는 점점 줄어들고 있으니까요.

돌아보면, 가베 수업은 어린 시절 제 사고의 그릇을 키우는 시간이었습니다. 암기나 정답을 요구하는 수업이 아니라, 나만의 사고 세계를 만들어 가는 배움이었습니다.

가베가 알려 준 '나' 박진희(대학생)

초등학교 시절부터 중학교까지 선생님과 수업을 했고, 현재 연기를 전공하고 있는 스무 살 대학생입니다.

가베 시간에는 블록을 쌓아 구조물을 만들며 글을 쓰고 발표하는 수업도 했습니다. 종이를 접어 별이나 꽃을 만들던 시간들이 지금도 선명합니다.

초등학생이었던 저는 시험 점수에 따라 감정이 크게 흔들렸습니다.

하지만 가베 수업은 달랐습니다. 블록을 쌓고 만드는 과정에서 '끝까지 완성해 보자.'는 목표를 세웠고, 그 성취감은 삶에 큰 힘이 되었습니다. 정답이 정해진 공부와 달리, 과정 자체가 즐거운 경험이었습니다.

글을 쓰고 발표하면서 표현하는 것을 좋아한다는 사실도 알게 되었습니다. 지금 돌아보니 가베 수업은 제가 어떤 사람인지, 무엇을 좋아하는지를 스스로에게 묻게 만든 시간이었습니다.

결국 연기를 할 때 가장 '이게 나구나.'라는 확신이 든다는 것도 알게 되었습니다.

놀이가 삶의 방향이 되기까지 김주영(대학생)

6년간 선생님께 받은 수업을 돌이켜보면 참 많은 활동을 했습니다. 교구와 색종이로 도형을 만들고 상상력을 마음껏 표현했어요. 같이 수업을 듣던 누나가 아이스크림 막대로 멋진 집을 짓는 것을 보며, 언제 저런 집을 지을 수 있을지 기대했던 기억도 납니다. 확실히 어린 시절 저에게 '가베'는 '놀이'였습니다.

가장 기억에 남는 건 책과 함께했던 시간입니다. 『꽃들에게 희망을』이 마음속에 간직하고 있는 책입니다.

애벌레들이 서로를 타고 올라 만든 기둥이 나옵니다. 정상에 무엇이 있는지는 모르지만, 다른 애벌레들이 올라가니까 이유 없이 그 탑을 올라갑니다. 저는 그 모습에서 좋은 대학, 좋은 성적이라는 기준에 맞추려 애쓰는 학생들을 보았습니다.

하지만 책에는 탑을 내려와, 자신이 나비가 될 수 있음을 깨닫는 노랑 애벌레가 등장합니다. 저도 남들이 정한 기준을 크게 신경 쓰지 않았습니다. "재는 왜 저러지?"라는 말을 많이 들었지만, 제가 좋아하는 것에 집중했습니다.

시간이 지나 학생회장이 되기도 했고, 저를 괴짜라고 생각했던 친구들이 이제는 제 삶의 방식을 부러워합니다.

아이가 좋아하는 모습이 모든 이유입니다 이현경(학부모)

5세부터 7세까지 가베 수업을 꾸준히 하며, 가베가 단순히 교구로 노는 수업이 아니라 아이의 사고 과정을 키워 주는 교육이라는 것을 알게 되었습니다.

특히 3가베와 7가베 수업이 기억에 남습니다. 선생님께서 준비한 무를 아이가 직접 잘라 정육면체를 만들게 했습니다. '너무 어려운 건 아닐까?' 싶었지만, 아이가 오히려 즐기며 몰입하는 모습에 걱정은 사라졌습니다.

선생님께서는 아이의 마음 상태가 작업에 어떻게 드러나는지 섬세하게 짚어 주셨고, 그것이 아이에게도 저에게도 큰 위로가 되었습니다.

아이는 집에서도 무언가를 만들면 꼭 "선생님한테 보여 주자!"라고 말합니다.

가베가 무엇인지 다 알 수는 없지만, 아이가 즐거워하고 성장하는 모습이 그 모든 이유를 대신해 줍니다.

에필로그

다시, 손끝에서 시작하며

이 책은 가베의 모든 것을 담은 백과사전이 아닙니다.

23년 동안 아이들과 함께한 시간을 한 권에 다 담기엔 너무 많았습니다. 그래서 이 책은 '왜 지금, 가베 교육이 다시 중요한가'에 대한 첫 번째 답변이자, 하나의 신념을 건네는 책입니다.

(故) 서석남 교수님께 배운 이야기들을 글로 옮기며, 흩어져 있던 생각들이 하나의 줄기로 모였습니다. 늘 말로 해왔던 이야기들이 문장이 되자, 제가 무엇을 믿고 가르쳐왔는지도 분명해졌습니다.

그럼에도 이 목소리가 그들에게도 닿을 수 있을지, 마음 한편에는 조심스러운 물음이 남아 있었습니다. 가베 교육의 고향은 독일이고, 그 철학을 지켜온 중심은 유럽이기 때문입니다.

한국의 작은 교실에서 정통성을 지켜오며 가르쳐왔지만, 그 거리 만큼의 망설임은 늘 제 안에 남아 있었습니다.

그런데 뜻밖의 일이 일어났습니다. 영국 프뢰벨 트러스트(Froebel

Trust)의 피터 무어하우스(Pete Moorhouse) 선생님께서 이 책의 원고를 읽고 따뜻한 추천사를 보내 주셨고, 국제프뢰벨학회(IFS)에서는 웨비나 발표와 질의응답 게스트로 초대받아, 그 철학을 함께 나눌 기회를 얻었습니다. 작지만 진심을 담은 이 책은 세계와 연결되는 계단이 되어 주었습니다. 정통성을 지키면서도 좋은 것을 나누고, 함께 연구하며 배움을 이어가는 길. 그 길을 이 책에서 시작합니다.

이 책의 마지막 장은 제자들이 채워주었습니다.

오래전 함께했던 아이들에게 연락을 했고, 대학생이 된 아이와 고등학생이 된 아이들이 "당연하죠."라는 말과 함께 글을 보내왔습니다. 그 순간 마음이 뜨거워졌습니다. 그 아이들은 가베가 말하는 삶, 곧 스스로 질문하고 발견하며 자기 언어로 세상을 해석하는 삶을 걸어가고 있었습니다. 그들이야말로 이 책의 증거입니다. 저를 믿고 아이들과의 인연을 이어가게 해 주신 학부모님들께도 진심으로 감사드립니다.

함께해 주신 모든 분께 감사를 전합니다.

추천사를 써 주신 하은유치원 하은 원장님과 피터 무어하우스 선생님, 프뢰벨트러스트의 CEO이자 국제프뢰벨학회 집행위원이신 사샤 파월 박사님, 국제프뢰벨학회(IFS) 회장이신 안드레아 슈미트 박사님께 깊이 감사드립니다.

또한 이 책이 한 권의 책으로 완성되기까지 함께해 주신 '비로소'의 작가님들, '책과강연'의 두 대표님과 두 분의 매니저님, 미다스북스 출판사와 안채원 편집자님께도 감사의 마음을 전합니다.

저는 교수님께서 지켜오신 프뢰벨 교육의 정신을, 이제 제 자리에서 이어 가겠습니다.

좋은 교육을 알리는 데 제 몫의 책임을 다하겠습니다. 손끝에서 시작된 작은 변화가 어디까지 이어질지는, 앞으로의 시간 속에서 차분히 확인해 보려 합니다.

2026년, 아이곤지가베교육원에서

안은정

참고문헌

본서는 프리드리히 프뢰벨의 교육 철학과 고전 교육 사상, 그리고 현대 뇌과학 · 인지과학 · 교육 연구를 바탕으로 저자의 교육 현장 경험을 재구성한 것이다. 본서에 언급된 뇌과학 및 발달 연구는 인과관계를 단정하기보다, 기존 연구들에서 보고된 상관관계와 경향성을 중심으로 해석하였다.

프뢰벨 교육철학 및 가베 원전

Friedrich Fr□bel. The Education of Man. Trans. W. N. Hailmann. New York: D. Appleton and Company, 1887. (Original work published 1826).

Friedrich Fr□bel. Mutter- und Koselieder. Blankenburg: Verlag der Anstalt, 1844.

Joachim Liebschner. Mutter- und Koselieder. Blankenburg: Verlag der Anstalt, 1844.

Joachim Liebschner. A Child's Work. Cambridge: Lutterworth Press, 1991.

Norman Brosterman. Inventing Kindergarten. New York: Harry N. Abrams, 1997.

놀이 중심 교육과 현대 교육사

Bruce, T. Early Childhood Education. London: Hodder Education, 2011.

Damasio, A. Descartes' Error: Emotion, Reason, and the Human Brain. New York: Penguin, 1994.

Dewey, J. Democracy and education. New York, NY: The Free Press,

1916.

Dewey, J. Experience and education. New York, NY: Macmillan, 1938.

Droste, M. Bauhaus, 1919–1933. Köln: Taschen, 2006.

Le Corbusier. Le voyage d'Orient. Paris: Parenthèses, 1966 (Originally written in 1911).

손의 경험과 체화된 인지(Embodied Cognition)

Wilson, M. Six Views of Embodied Cognition. Psychonomic Bulletin & Review, 9(4), 625–636, 2002.

Gallese, V. & Lakoff, G. The Brain's Concepts: The Role of the Sensory–Motor System in Conceptual Knowledge. Cognitive Neuropsychology, 22(3–4), 455–479, 2005.

Barsalou, L. W. Grounded Cognition. Annual Review of Psychology, 59, 617–645, 2008.

손 조작 활동 · 집행 기능 · 전전두엽 발달

Kurt Fischer & Thomas Bidell. The Neuroscience of Learning and Development. Cambridge: Cambridge University Press, 2006.

Diamond, A. Executive Functions. Annual Review of Psychology, 64, 135–168, 2013.

Diamond, A. & Lee, K. Interventions Shown to Aid Executive Function Development in Children. Science, 333(6045), 959–964, 2011.

Stöckel, T. & Hughes, C. M. The Relation Between Fine Motor Skill and Executive Function in Early Childhood. Journal of Cognition and Development, 17(4), 558–574, 2016.

동기 · 자기결정성 · 내적 보상

Edward L. Deci & Richard M. Intrinsic Motivation and Self–Determination in Human Behavior. New York: Plenum, 1985.

손쓰기 · 조작 활동과 학습 · 기억

James, K. H, & Engelhardt, L. The Effects of Handwriting Experience on Functional Brain Development in Pre–Literate Children. Trends in Neuroscience and Education, 1(1), 32–42, 2012.

Longcamp, M., et al. Learning Through Handwriting and Typing: Effects on Visual Recognition. Acta Psychologica, 119(1), 67–79, 2005.

스크린 사용과 유아 뇌 발달 연구

Hutton, J. S., et al. Associations Between Screen–Based Media Use and Brain White Matter Integrity in Preschool–Aged Children. JAMA Pediatrics, 174(1), e193869, 2020.

Madigan, S., et al. Association Between Screen Time and Children's Performance on a Developmental Screening Test. JAMA Pediatrics, 173(3), 244–250, 2019.

철학적 배경: 인식 · 상징 · 전인적 발달

Immanuel Kant. Critique of Pure Reason. Cambridge: Cambridge University Press, 1998. (Original work published 1781).

Novalis. Fragments and Studies. Albany: State University of New York Press, 1997.

Norman Doidge. The Brain That Changes Itself. New York: Viking, 2007.

신경과학 · 의사결정 · 직관

Damasio, A. Descartes' Error. New York: Putnam, 1994.

Goleman, D. Emotional Intelligence. New York: Bantam Books, 1995.

참고 인용(사유 인용)

Albert Einstein. Ideas and Opinions. New York: Crown Publishers, 1954.

Albert Einstein. Out of My Later Years. New York: Philosophical Library, 1950.

국내 문헌

서석남, 『프뢰벨 생명교육』, 서울: 공동체, 2014.

조명숙, 『바보 토우』, 문학동네, 2006

김경희, 『창의성의 재발견』, 이케이북, 2017

놀이는 어린이 발달의 가장 높은 단계이다.

놀이 · 자기활동

아이는 스스로 활동할 때에만 온전히 성장한다.

손 · 행동 · 자기활동

인간은 자신을 표현함으로써 자신을 이해한다.

인간교육